LES GRANDS ÉCRIVAINS FRANÇAIS

SAINT-SIMON

I0153789

PAR

GASTON BOISSIER

DE L'ACADÉMIE FRANÇAISE

PARIS

LIBRAIRIE HACHETTE ET Cᴵᵒ

79, BOULEVARD SAINT-GERMAIN, 79

—

1892

SAINT-SIMON

LOUIS DUC DE SSIMON-PAIR DE FRANCE GRAND   D'ESPAGNE DE LA PREMIE
CLASSE GOUV.r DE BLAYE GOUV.r ET BAILLY DE SENLIS   DU CONSEIL DE REGEN
A LA MORT DE LOUIS XIV AMBASS.ar EXTRAO.DY DE LOUIS XV EN ESPAGNE 1721 F
EN MARIAGE CHEVALIER DU S.t ESPRIT 1728 QUA EUT VINGT QUINZE ANS APRES
DU DUC DE S.t SIMON PAIR DE FRANCE SON PERE QUI L'EUT A LA PENTECOTE 1

SAINT-SIMON

REPRODUCTION DU TABLEAU ORIGINAL
appartenant à M.r Maxime Duval
beau-fils de feu le Général Duc de Saint Simon

SAINT-SIMON

Je ne sais si le duc de Saint-Simon aurait été très flatté de figurer parmi les Grands Écrivains de la France : il avait d'autres ambitions. Lorsqu'en 1702 on lui demanda de composer une notice sur Louis XIII, il y consentit, « mais à condition qu'on lui en épargnerait le ridicule dans le monde ». Sans doute il ne lui semblait pas que le métier d'auteur convînt à une personne de sa sorte. A la fin de ses *Mémoires*, il reconnaît de bonne grâce qu'il ne sait pas écrire ; on dirait presque qu'il s'en fait honneur : « Je ne fus jamais, dit-il, un sujet académique ». Il est sûr que c'est un écrivain d'une espèce particulière, qui ne s'est pas formé par l'étude et dans les écoles ; plus qu'aucun autre, il écrit de nature et par tempérament. C'est donc l'homme qui peut seul nous révéler l'écrivain ; et, pour connaître l'homme, il nous faut le suivre dans sa vie, à travers ces alternatives d'espérances et de mécomptes par lesquelles il a passé, dans ses longues années d'oisiveté et son court passage aux affaires, et chercher ce qui a pu influer sur lui et le faire ce qu'il est.

Mais d'abord, pour être sûrs de le prendre à ses origines, remontons jusqu'à son père, dont il nous parle avec tant de complaisance. Son père lui a laissé, en même temps que son nom et son titre, toutes ses opinions et tous ses préjugés.

PREMIÈRE PARTIE

VIE DE SAINT-SIMON

CHAPITRE I

LA JEUNESSE DE SAINT-SIMON

Il y avait en 1625, parmi les pages de Louis XIII, deux frères d'une bonne noblesse du Vermandois, que les guerres civiles avaient ruinée. Le plus jeune, Claude de Saint-Simon, avait eu l'heureuse chance d'attirer sur lui l'attention du Roi. Voici comment le fils raconte cet événement, qui fit la fortune de sa famille : « Le Roi était passionné pour la chasse. Mon père qui remarqua son impatience à relayer, imagina de lui tourner le cheval qu'il lui présentait la tête à la croupe de celui qu'il quittait. Par ce moyen, le Roi, qui était dispos, sautait de l'un sur l'autre sans mettre pied à terre et cela se faisait en un instant. Cela lui plut; il demanda toujours le même page à son relais, il s'en informa, et peu à peu il le prit en affection. Baradat, premier écuyer, s'étant

rendu insupportable au Roi par ses hauteurs et ses
humeurs arrogantes avec lui, il le chassa et donna
sa charge à mon père. » C'était largement payer un
service assez mince; sans compter que Tallemant
des Réaux rabaisse encore les mérites du jeune
page. « Le Roi, dit-il, prit amitié pour Saint-Simon,
à cause que ce garçon lui rapportait toujours des
nouvelles certaines de la chasse, qu'il ne tourmen-
tait pas trop ses chevaux, et que, quand il portait
son cor, il ne bavait point dedans. »

Le pauvre Louis XIII avait besoin d'amitié. Comme
il n'était pas heureux dans sa famille, et que les
femmes lui faisaient peur, il s'attachait volontiers à
quelqu'un des gentilshommes qui le servaient. Après
Baradat, ce fut le tour de Saint-Simon. En peu de
temps, le nouveau favori devint capitaine du Petit-
Bourbon et des châteaux de Saint-Germain et de
Versailles, grand louvetier, premier gentilhomme
de la chambre, conseiller du Roi en ses conseils
d'État et privé, chevalier de l'ordre, gouverneur de
Meulan et de Blaye, etc. Son fils pourtant le loue
beaucoup de son désintéressement : « Jamais, dit-il,
il ne demanda rien pour soi ». C'est ce qu'il est
bien difficile d'admettre : comment croire qu'un
homme qui a tant obtenu n'ait jamais rien demandé?
Il est probable au contraire que ce cadet d'une
maison pauvre, arrivé petit page à la cour, ne se
piquait pas de vertus antiques. Comme il savait que
les caprices du Roi ne duraient guère, qu'un favori,
suivant une expression de Richelieu, « poussait en

une nuit comme un potiron », mais disparaissait de même, il profita de l'occasion le mieux qu'il put, et chercha à faire vite sa fortune. Après s'être fait donner tous les ans des charges importantes et des gratifications considérables, il obtint enfin en 1635 la plus haute dignité du royaume : il fut nommé duc et pair.

Cette fois la faveur était si grande que Claude de Saint-Simon éprouva le besoin de la justifier. Dans les lettres patentes qui lui conféraient la duché-pairie, il fit mettre un éloge pompeux de la noblesse de sa famille et affirmer « qu'elle descendait en ligne directe des comtes de Vermandois ». C'était la rattacher à Charlemagne, les comtes de Vermandois étant issus de Bernard, roi d'Italie, petit-fils du grand empereur. Une origine pareille la rendait digne du rang où le caprice d'un Roi l'avait un jour élevée ; le hasard futile auquel elle devait sa haute situation devenait une sorte d'accident intelligent et providentiel qui réparait une injustice du sort et remettait une grande maison à sa place. Claude de Saint-Simon, héritier des Vermandois, pouvait marcher la tête haute à côté des nobles pairs dont on l'avait fait le collègue. Son fils n'eut garde, comme on pense, de renoncer à des prétentions qui lui donnaient de si glorieux ancêtres. Il en parle, dans ses *Mémoires*, avec ce ton d'affirmation hautaine qui lui est familier quand il est question de lui. « Nous sortons du sang de Charlemagne, dit-il, au moins par une femme, sans contestation aucune. » M. de Boislisle

croit au contraire qu'il est très facile de le con-
tester[1]. L'opinion qui fait descendre les Saint-Simon
des comtes de Vermandois ne repose que sur une
petite phrase écrite on ne sait par qui au revers de la
première feuille d'un cartulaire de Philippe Auguste.
C'était un fondement bien léger pour des prétentions
si hautes. Ces quelques mots, qui allaient donner
naissance à tant de disputes, ne s'appuient sur aucun
autre témoignage, et ils sont contredits par des
documents très sérieux. Ce qui prouve qu'ils ne
parurent pas suffisants à ceux mêmes qui s'en servaient, c'est qu'ils prirent la peine de fabriquer des
actes faux pour les soutenir. Quant à Saint-Simon,
il ne paraît pas avoir jamais éprouvé la moindre
inquiétude, le plus léger doute sur l'antiquité de sa
maison; les preuves qu'on en donnait lui semblaient
irréfutables. — Ah! s'il s'était agi d'un autre! avec
quelle perspicacité méchante n'aurait-il pas saisi et
montré du premier coup le néant de cette opinion!
que n'aurait-il pas dit de gens capables de s'attribuer une si grande origine sur des raisons si peu
solides! comme il aurait traité ces insolentes visées
et « ces ancêtres de parure » dont s'affublaient des

---

1. C'est un devoir et un plaisir pour moi, au début de cette
étude, de reconnaître tout ce que je dois à M. de Boislisle,
qui est l'homme de France qui connaît le mieux Saint-Simon.
Non seulement j'ai puisé à tout moment aux notes de la
grande édition des *Mémoires* dont il a commencé la publica-
tion, mais j'ai eu sans cesse recours à lui pour des renseignements particuliers, sans jamais trouver son érudition en
défaut et sans fatiguer sa complaisance.

vaniteux pour dissimuler la nouveauté de leur
noblesse et s'attirer une considération qu'ils ne
méritaient pas! Mais il s'agissait de lui, de sa
famille, et les choses changeaient aussitôt d'aspect
à ses yeux. Dès lors cette illustre origine est
devenue non seulement sa chimère, mais celle de
tous les siens. — N'avons-nous pas vu presque de
nos jours son petit neveu, le comte de Saint-Simon,
qui fut le créateur d'une secte célèbre, grand révolutionnaire
en toute sorte et destructeur acharné du
passé, conserver pourtant les préjugés de sa race et
en accepter les prétentions? Il racontait que son
grand aïeul, Charlemagne, lui était apparu, pendant
qu'il était en prison au Luxembourg, sous la Terreur,
et qu'il lui avait révélé sa mission en lui disant :
« Depuis que le monde existe, aucune famille n'a eu
l'honneur de produire un héros et un philosophe de
première ligne : cet honneur était réservé à ma
maison. Mon fils, tes succès comme philosophe égaleront
ceux que j'ai obtenus comme militaire et
comme politique. » Ce ton de confiance superbe, en
parlant de soi et de ses aïeux, montre que le fondateur
du saint-simonisme est bien du même sang que
l'auteur des *Mémoires*.

Claude de Saint-Simon n'avait qu'une fille de sa
première femme. Lorsqu'il fut devenu veuf, à soixante-quatre
ans, il songea aussitôt à se remarier : à quoi lui
aurait servi la duché-pairie si elle s'était éteinte avec
lui? En 1672, il épousa Charlotte de l'Aubespine, qui
avait trente-cinq ans de moins que lui. Les chan-

sonniers s'égayèrent du mariage de ce « barbon »
avec « une belle et agréable dame ». Il les laissa dire,
et trois ans après, le 15 janvier 1675, le barbon
avait un enfant qui fut l'auteur des *Mémoires*.

Louis de Saint-Simon était donc le fils d'un vieillard. Les contemporains nous disent qu'à sa petite
taille et à sa mine chétive il en paraissait quelque
chose. Quand il fut présenté à Louis XIV pour être
mousquetaire, le Roi fut frappé de voir comme il
avait l'air délicat. Lui-même a quelquefois plaisanté
de ce qu'il y avait de peu avantageux dans sa personne et il se montre surpris que le duc d'Orléans,
qui se prenait aux figures, n'ait pas été rebuté par la
sienne. Dans les pamphlets du temps, où il est souvent attaqué, on l'appelle « le petit bondrillon » :
nous dirions aujourd'hui le petit bout d'homme. Ce
n'est pas ainsi qu'après l'avoir lu on se le figure.
Nous nous représenterions volontiers ce dernier
descendant d'une race de soldats, ce défenseur des
privilèges de l'aristocratie, avec une haute taille et un
grand air. Il nous est pénible de savoir que ce grand
seigneur était malingre, « basset », et fait plutôt
comme un robin.

Il nous raconte qu'il fut élevé avec soin et que sa
mère, « qui avait beaucoup de vertu et infiniment
d'esprit de suite et de sens, se donna des soins con-
tinuels à lui former le corps et l'esprit ». Ce n'était
pas l'usage dans toutes les grandes maisons. Nous
savons que le duc de Beauvillier fut abandonné
jusqu'à sept ans à la merci du suisse de l'hôtel de

son père et élevé dans la loge. Saint-Simon eut pour
gouverneur un gentilhomme fort cérémonieux, qu'il
emmena plus tard à l'armée, et qui perdit sa perruque à Nerwinde. Ce gouverneur, le matin du
25 août 1683, entra dans la chambre de son élève,
dont c'était la fête, et lui remit une instruction
détaillée, peut-être un peu grave pour un enfant de
huit ans et demi, mais tout à fait honnête, qu'un hasard
nous a conservée. Parmi les leçons qu'il lui donnait,
en voici une qui jette quelque jour sur le caractère
du jeune homme à ce moment : « Vous êtes sujet
à la colère, lui disait le gouverneur; excitez-vous à
la modérer et à devenir clément. Souvenez-vous que,
si vous venez à battre vos gens, vous vous ferez plus
de tort que vous ne leur ferez de mal. » Je ne crois
pas que Saint-Simon ait battu ses gens dans la suite,
mais, malgré les exhortations du digne homme, il
n'est jamais bien parvenu à modérer sa colère.

On lui fit apprendre ce qu'on enseignait alors à
tout le monde; mais il s'accuse d'avoir eu peu de
goût pour les lettres et les sciences. Il faut bien
pourtant qu'il ait su convenablement le latin, puisqu'il ne l'oublia pas. Il nous raconte que trente ans
plus tard, pendant son ambassade en Espagne, il fut
obligé de répondre à un compliment qui lui était
adressé par un chanoine, au nom du chapitre de
Tolède : « Je dérouillai, dit-il, mon latin comme je
pus, où il y eut sans doute beaucoup de cuisine et
maint solécisme »; mais enfin il alla jusqu'au bout,
et, comme il donna beaucoup d'éloges au chapitre,

les chanoines trouvèrent qu'il parlait fort bien.
Cependant son inclination n'était pas de ce côté.
L'histoire l'attira plus que tout le reste, surtout
l'histoire de France, et il est convaincu que, s'il en
eût fait une étude plus sérieuse, au lieu de perdre
son temps aux lettres, « il aurait pu y devenir
quelque chose ».

Du reste ses maîtres ont eu moins de prise sur
lui que ses parents. Il nous dit que « son éducation
très resserrée le sépara fort du commerce des gens
de son âge, et que d'ailleurs il n'était pas tourné vers
leur genre de vie ». Comme il était né sage et mûr,
il n'a pas connu les entraînements du dehors, auxquels la jeunesse échappe rarement, et qui l'arra-
chent à l'influence de la famille; jamais il n'a respiré
d'autre air que celui de la maison paternelle. Figurons-nous ce que devait être, vers 1680, l'hôtel
de la rue des Saints-Pères où l'ancien favori de
Louis XIII achevait de vieillir. Un inventaire du
temps nous fait connaître cette grande salle de réception, meublée à l'antique de tapisseries de haute
lisse, avec une cheminée « garnie de six tasses de
porcelaine de Chine, entremêlées de gobelets de
cristal, à monture de vermeil ». Plaçons dans cette
demeure austère, à côté des maîtres de la maison et
du jeune homme qui écoutait avidement toutes leurs
paroles, quelques personnes âgées, en petit nombre,
des survivants de l'ancienne cour. Claude de Saint-
Simon avait fermé sa vie au moment où il cessait
d'être quelque chose, c'est-à-dire à la mort du feu

Roi. Tous ses souvenirs se rapportaient à l'époque
de Louis XIII; il avait conservé la plus vive reconnaissance de ses bontés. Tous les ans, le 14 mai, il
assistait dévotement au service qui se célébrait pour
lui à Saint-Denis, et il transmit cette pieuse habitude
à son fils qui nous raconte, dans un passage de ses
Mémoires, qu'il y est allé déjà cinquante-deux fois
de suite (de 1693 à 1745), sans jamais y rencontrer
personne. — Ce n'est guère l'usage qu'on se sou-
vienne des princes, quand ils ne peuvent plus être
utiles. — Après cette affection persistante pour
Louis XIII, ce qui occupe surtout Claude de Saint-
Simon et ceux qui l'entourent, c'est le souci de
maintenir sa dignité. On est, chez lui, fort chatouilleux sur les questions de rang et d'étiquette. Un
mot du gazetier Loret nous apprend que la première
femme de Claude de Saint-Simon n'entendait pas
raillerie quand il s'agissait de préséance, et qu'elle
savait défendre ses droits. On lit, dans sa lettre du
21 janvier 1652 :

> Mademoiselle de Bouillon
> Et Madame de Saint-Simon
> Pour le point d'honneur contestèrent,
> Et l'autre jour se picotèrent
> Sur cet important argument.

Ce n'étaient pas seulement les femmes qui « se pico-
taient » quand il s'agissait de savoir qui passerait
devant l'autre; Claude de Saint-Simon était connu
pour apporter tant de passion dans ces querelles
qu'en 1660 les ducs et pairs lui confièrent la défense

de leurs privilèges, quoiqu'il fût un des derniers
venus dans leurs rangs. A cette occasion, il composa
un mémoire où il soutient que les ducs et pairs possèdent la première dignité du royaume, qu'ils ont
l'honneur et l'avantage d'être les conseillers-nés et
naturels de nos Rois, et qu'il serait injuste et dangereux de toucher à leurs prérogatives : « Il n'y a rien,
dit-il, de si estimable que l'ordre et la règle dans la
cour et dans les États : la subordination y est entièrement nécessaire; mais tout est tombé en une telle
confusion en France qu'on n'y connaît plus rien.
Il est néanmoins important et très nécessaire de rétablir les dignités, les rangs et le bon ordre en tout :
cette grande confusion menace de quelque chose de
sinistre. »

Voilà comment on devait parler devant cet enfant
qui n'avait pas eu d'enfance, et qui ne perdait rien
de ce qu'il entendait dire. C'est ainsi que de bonne
heure ces questions d'étiquette prirent pour lui l'importance qu'elles n'ont jamais perdue. Il nous dit
que, dès ses premières années, il aimait à interroger
« de vieux ducs et duchesses, les plus de la cour
en leur temps et les mieux informés », qu'il leur
faisait raconter le détail des anciennes cérémonies,
pour bien savoir à quel rang chacun y était placé
et les honneurs qu'on devait lui rendre. — Il faut
avouer que c'était une curiosité singulière chez un
garçon de cet âge. — En même temps, il observait
lui-même, quand il en avait l'occasion; et, pour être
sûr de ne rien oublier, il écrivait ses observations.

Nous possédons le récit qu'il a fait à quinze ans des
funérailles de la Dauphine. C'est son premier ouvrage,
et il n'est pas sans intérêt de connaître comment un
si grand écrivain a commencé; mais ce qui est peut-
être plus curieux encore, c'est de voir ce qui préoc-
cupait alors ce jeune homme. L'écrit ressemble tout
à fait à l'extrait du registre d'un maître des cérémonies. L'auteur y note avec soin la place assignée à
chaque personnage, le rang dans lequel il marche et
les fonctions qu'il remplit. Il compte sans se fatiguer
le nombre exact des révérences — et Dieu sait si
elles sont prodiguées dans ces circonstances solennelles! — et il nous apprend même à cette occasion
comment on les fait : « Révérence de cérémonie est
croiser les deux pieds et les deux jambes, puis, sans
baisser le corps ni la tête, plier les genoux, comme
font ordinairement les femmes ». Rien ne lui échappe.
Il remarque que la mante des princesses du sang est
d'un crêpe plus épais que celle des autres dames,
que la queue de M. le duc de Bourgogne avait cinq
pieds, celle de Monsieur quatre pieds et demi, et
celle du duc de Chartres quatre pieds seulement :
c'est le plus minutieux des procès-verbaux. Cependant à un endroit l'observateur se déride et la malice perce tout d'un coup. Il s'agit d'un cierge de
cire blanche, rempli de quantité de demi-louis d'or,
que Madame remit à l'évêque de Meaux qui officiait,
après avoir baisé son anneau épiscopal, et que celui-
ci passa derrière lui à l'un de ses aumôniers. « Là-
dessus, nous dit l'auteur, il s'éleva une dispute entre

les aumôniers et les moines, les uns et les autres
voulant avoir l'argent attaché au cierge et recevoir
ledit cierge des mains de l'évêque de Meaux; et la
querelle s'échauffa tellement que ces gens pensèrent
se battre et rompirent le cierge en deux ou trois
endroits pour avoir l'argent y attaché : tellement que
dans le débat la mitre de l'évêque de Glandèves
tourna dessus sa tête et fût tombée, si ce prélat n'y
eût porté les mains. » On voit qu'il a toujours aimé
à noter les petits côtés des choses : c'est un des
caractères de ses récits, et nous le verrons dans
la suite ne jamais négliger les incidents futiles qui
égaient les scènes les plus tristes ou déconcertent
la gravité des cérémonies les plus imposantes.

Ainsi Saint-Simon à quinze ans était à peu près
déjà ce qu'il fut jusqu'à la fin. De personne plus que
de lui il n'est juste de dire que l'homme s'est formé
dans l'enfant. Ses opinions, ses préjugés, ses haines,
ses préférences, il les tient de son père; cette passion pour son rang et les privilèges de sa naissance,
il l'a prise chez lui, dès ses premières années; elle
s'est toujours confondue avec ses plus anciennes et
plus chères impressions, avec le souvenir des gens
qu'il a le plus aimés, le plus respectés, et c'est précisément ce qui explique qu'il l'ait gardée toute sa
vie.

CHAPITRE II

SAINT-SIMON A L'ARMÉE

« En 1691, dit Saint-Simon, j'étais en philosophie
et commençais à monter à cheval à l'académie des
sieurs de Mesmont et Rochefort; et je commençais aussi à m'ennuyer beaucoup des maîtres et de
l'étude, et à désirer fort d'entrer dans le service. »
La France était alors engagée dans une guerre qui
durait depuis plusieurs années et où elle avait presque
toute l'Europe sur les bras. Quelques signes faisaient
paraître aux yeux perspicaces qu'elle commençait à
en être fatiguée et que ses ressources s'épuisaient;
cependant elle soutenait la lutte avec gloire. Comme
il lui restait Luxembourg, elle s'apercevait à peine
qu'elle eût perdu ses meilleurs généraux. Louvois
venait de mourir, mais le Roi avait affirmé que « ses
affaires n'en iraient pas plus mal »; et l'on croyait
encore le Roi sur parole. Louis XIV conservait l'habitude de commander ses armées en personne, quand
il y avait quelque grande entreprise à faire. Il quit-

tait Versailles au printemps, comme pour une partie de plaisir, et, s'il n'emmenait plus les dames dans ses carrosses, il se faisait accompagner d'une partie de sa cour. Cette année même il était allé jusqu'en Flandre pour assiéger et prendre Mons, en chassant pendant la journée sur la route et jouant le soir au lansquenet avec les seigneurs de sa suite. Ces bruits de combats et de fêtes, qui arrivaient à la jeune noblesse, la rendaient impatiente de servir. Elle n'avait d'ailleurs d'autre métier que celui des armes. On s'y préparait de bonne heure et l'on voulait débuter plus tôt, pour être sûr de marcher plus vite. Saint-Simon étant fils unique et d'une santé fort incertaine, sa mère hésitait beaucoup à le laisser partir; mais il parvint à mettre son père dans ses intérêts, et le 28 octobre 1691 il fut présenté au Roi et enrôlé dans la première compagnie des mousquetaires.

Le voilà donc devenu soldat. Il va l'être sans grand éclat jusqu'après la paix de Ryswick; mais avant de raconter ce qu'il fit à l'armée et comment il la quitta, je crois utile de parler de deux événements qui se passèrent dans l'intervalle, et dont l'un surtout devait avoir une grande influence sur toute sa vie.

En 1692 il perdit son père. Le vieux duc lui laissait une grande fortune, mais fort embarrassée. Il avait gardé de son ancienne faveur un certain nombre de titres honorifiques et quelques gouvernements de villes, qui étaient fort enviés, entre autres ceux de Blaye et de Senlis. Le Roi les donna immédiatement

et sans hésiter au fils du défunt, quoique les compé-
titeurs fussent nombreux, et que notamment Blaye
fût demandé par le comte d'Aubigné, le propre frère
de Mme de Maintenon. Saint-Simon se loue beaucoup de la manière aimable dont le Roi le traita en
cette occasion : « il savait assaisonner ses grâces ».
Après l'avoir longuement entretenu de son père, il
daigna lui dire qu' « il aurait soin de lui ».

. Quand Saint-Simon fut maître de sa fortune et en
possession de son titre, sa mère aussitôt songea à
le marier. « Quoique fort jeune, dit-il, je n'y avais
pas de répugnance; mais je voulais me marier à
mon gré. » Entendons bien ce qu'il veut dire : on
pourrait s'y tromper. Il ne s'agit pas ici des agréments de la personne ou des charmes de l'esprit,
dont il paraît s'être fort peu préoccupé. Pour être à
son gré, une jeune fille devait réunir certaines conditions qu'il nous fait connaître. D'abord il avait
besoin qu'elle fût riche « pour nettoyer son bien,
qui était fort en désordre ». Ce n'est pas qu'il ait eu
un seul moment la pensée de faire comme tant d'autres qui se résignaient « à mettre un peu de fumier
sur leurs terres » en épousant la fille de quelque
traitant. « Les millions, disait-il, ne pouvaient me
tenter d'une mésalliance, ni la mode, ni mes besoins
me résoudre à m'y ployer. » Il était décidé à
n'épouser qu'une jeune fille de grande maison. Mais
en même temps qu'il la voulait noble et riche, il
souhaitait avant tout qu'elle appartînt à une famille
puissante, bien posée à la cour, et dont l'appui pût

l'aider à prendre la haute situation à laquelle il lui semblait que l'appelait sa naissance. Voilà pourquoi il songea d'abord à l'une des filles du duc de Beauvillier. Le choix était heureux : le duc de Beauvillier était à la fois un très grand seigneur et un ministre d'État fort important, l'un des seuls que le Roi eût consenti à prendre en dehors « de la parfaite roture ». De plus il possédait toute la confiance du duc de Bourgogne dont il avait dirigé l'éducation, en sorte que son pouvoir, solidement établi dans le présent par l'amitié de Louis XIV, devait grandir encore quand son élève serait devenu à son tour Roi de France. Beauvillier avait huit filles : « l'aînée entre quatorze et quinze ans, la seconde très contrefaite et nullement mariable, la troisième entre douze et treize ans ; toutes les autres, des enfants, qu'il avait à Montargis, aux Bénédictines ». Saint-Simon demanda l'aînée ; mais, comme elle voulait absolument être religieuse, il se rabattit sur la troisième. Il faut voir, dans les *Mémoires*, la lutte qu'il livra contre les scrupules respectables de M. de Beauvillier, les arguments subtils auxquels il eut recours, l'insistance ou plutôt l'acharnement qu'il mit à le décider. Si l'on croyait que cet empressement devait venir de quelque passion violente pour la jeune fille, on se tromperait beaucoup : il ne l'avait jamais vue, et ne semble pas s'être informé d'elle. « C'est vous, disait-il au père, qui m'avez charmé ; c'est vous que je veux épouser, avec Mme de Beauvillier. » L'affaire échoua malgré la bonne

volonté des parents : la jeune fille, pas plus que sa
sœur, n'avait la vocation du mariage ; il fut impossible de la faire sortir de ce couvent de Montargis
où elle vivait depuis sa première enfance. Mais ces
tentatives gagnèrent à Saint-Simon l'amitié du duc
de Beauvillier, qui le traita comme son fils, et plus
tard le rapprocha du duc de Bourgogne.

Il lui fallut donc se tourner d'un autre côté. La
princesse des Ursins, qui joua depuis un si grand
rôle dans le monde, voulait lui faire épouser Mlle de
Royan, une la Tremoïlle. « C'eût été, dit Saint-
Simon, un grand et noble mariage ; mais j'étais seul,
et je voulais un beau-père et une famille. » C'est ce
qui lui fit choisir, deux ans après (1695), la fille aînée
du duc de Lorges, neveu de Turenne, maréchal de
France, et capitaine d'une des compagnies des
gardes du corps. Tout était à souhait dans cette
alliance, sauf un point, qui le chagrina plus qu'il ne
veut bien le dire. Le maréchal de Lorges, un « de
ces pauvres diables de qualité » que le mauvais
état de leurs affaires réduisaient à des mésalliances
utiles, avait épousé la fille d'un riche traitant dont
les débuts étaient fort obscurs. Saint-Simon, le
vaniteux Saint-Simon, devenait donc le gendre d'une
femme que Bussy appelait « la fille d'un laquais »,
et dont les chansons disaient qu'elle allait visiter ses
parents aux halles. Malgré les éloges dont il comble
sa belle-mère, on sent bien que cette origine lui était
pénible, et il ne se surveille pas assez pour ne pas
laisser échapper quelques termes fâcheux sur sa

nouvelle famille. Le mariage était fait par une tante
de la maréchale, amie des deux maisons, qui s'était
entremise avec beaucoup de zèle. Saint-Simon lui
en était fort reconnaissant, ce qui ne l'empêche pas
de dire à son propos qu' « elle était plus du monde
que *ces sortes de femmes-là* n'ont accoutumé d'être ».
Voilà une parente bien payée de son obligeance !

Mlle de Lorges paraît avoir été jolie ; c'est au moins
le *Mercure* qui le dit en racontant au public son
mariage. Sans doute il faut se méfier de ces compliments officiels qui étaient fournis d'ordinaire au journal par les amis de la famille. Ici pourtant ils sont
si abondants et si précis qu'il me paraît difficile de
croire qu'ils soient entièrement faux ; vraisemblablement, si la figure n'eût mérité aucun éloge, on
s'en serait tiré en louant le cœur et l'esprit. Voici la
description que fait le *Mercure* de la mariée : « J'ou-
bliais de vous dire qu'elle est blonde et d'une taille
des plus belles, qu'elle a le teint d'une finesse
extraordinaire et d'une blancheur à éblouir, les yeux
doux, assez grands et bien fendus, le nez un peu
long et qui relève sa physionomie, une bouche gra-
cieuse, les joues pleines, le visage ovale et une
gorge qui ne peut être ni mieux taillée ni plus belle.
Tout cela ensemble forme un air modeste et de
grandeur, qui inspire le respect. » C'est bien ainsi
qu'en parle Saint-Simon lui-même, en l'opposant à
sa sœur cadette, Mlle de Quintin, qui était une
brune piquante, et qu'on voulait d'abord lui faire
épouser. Il nous dit que l'aînée lui plut davantage

et « qu'elle avait je ne sais quoi de majestueux et un
air noble et modeste ». Ce mariage fut très heureux.
Saint-Simon, qui n'est pas tendre de sa nature,
trouve toujours des termes affectueux quand il est
question de sa femme. Il avait en elle la plus complète confiance et n'a jamais rien fait sans la consulter. Nous savons par le duc de Luynes que,
lorsqu'il la perdit, en 1743, il donna les marques de
la plus vive douleur. Onze ans après, en 1754,
quand il fit son testament, il tint à y rappeler longuement les vertus de sa femme « et l'union intime,
parfaite, sans lacune, et si pleinement réciproque,
qui avait fait de lui, tant qu'elle a vécu, l'homme le
plus heureux ». Il y demandait enfin que son corps
fût inhumé « auprès de celui de sa chère épouse, et
qu'il fût fait et mis anneaux, crochets et liens de
fer pour attacher les deux cercueils si étroitement
ensemble et si bien rivés qu'il fût impossible de les
séparer l'un de l'autre sans les briser tous les deux ».
Ce dernier vœu au moins fut accompli; le duc et la
duchesse de Saint-Simon n'ont pas plus été séparés
après leur mort qu'ils ne le furent pendant leur vie.
En 1794, les deux cercueils, toujours unis par leurs
crampons de fer, furent brisés par la populace, et
les deux corps, après mille outrages, précipités
ensemble dans la fosse commune.

Pendant ces diverses tentatives qu'il faisait pour
se marier, Saint-Simon continuait à servir dans
l'armée du Roi. Il fut un an mousquetaire, c'est-à-
dire simple soldat. L'année d'après, le Roi lui donna

une compagnie; à la fin de 1693, c'est-à-dire quand il allait avoir ses dix-neuf ans, il acheta un régiment de cavalerie, et devint mestre de camp, ou, comme nous disons aujourd'hui, colonel. Devenir colonel en trois ans, nous trouvons que c'est marcher vite et que Saint-Simon aurait dû en être très satisfait. Il n'en fut rien. C'est précisément à propos du service militaire et de la manière dont les grands seigneurs y étaient traités qu'il eut l'occasion de connaître pour la première fois et par son expérience personnelle combien le régime nouveau était loin du passé, ce qu'avait gagné l'autorité royale, ce qu'avait perdu la noblesse, et d'en exprimer sa mauvaise humeur.

Il faut bien avouer qu'à son point de vue il n'avait pas tort. Jusqu'à Louis XIV l'armée avait été féodale dans son principe. La noblesse devait au Roi le service militaire et ne lui devait guère que cela. En échange de son sang qu'elle verse pour lui, elle est exempte d'impôts. Du reste elle s'acquitte de son devoir avec un admirable courage. Les *Mémoires* de Saint-Simon nous montrent qu'il n'y a pas une seule des grandes familles de la France qui n'ait laissé de son temps plusieurs des siens sur les champs de bataille de l'Allemagne ou de l'Italie. On lit dans le journal de Dangeau : « Le Roi a donné à l'abbé San-guinet, qui a eu treize frères tués dans le service, une petite abbaye ». Mais ces gentilshommes, qui payaient si courageusement leur dette, ne servaient plus dans les mêmes conditions qu'autrefois. Du temps où un grand seigneur rassemblait ses vassaux

à l'appel du Roi et les lui amenait, on comprend
bien qu'il en fût le maître. En réalité ces hommes
qu'il a réunis et qu'il paie ne connaissent que lui.
Il les conduit comme il l'entend, il les habille à sa
volonté, il choisit ceux qui doivent les commander
sous ses ordres. Mais tout change avec Louis XIV;
la grande guerre, la guerre moderne commence. Des
armées de plus de cent mille hommes ont besoin
avant tout de cohésion et d'unité; elles ne marchent
qu'avec une organisation sévère et un commande-
ment rigoureux. Cette organisation, c'est Louvois
qui l'a créée. Il n'osa pas aller jusqu'au bout de ses
réformes et laissa subsister la vénalité des offices
militaires : on acheta toujours des régiments et des
compagnies, en sorte que la compagnie et le régiment restèrent jusqu'à un certain point la propriété
de ceux qui les avaient payés; mais autant qu'il le
put, il restreignit les droits du propriétaire. D'abord
personne ne devint officier sans avoir été soldat;
ensuite on ne put acheter un régiment qu'avec l'agrément du Roi, qui ne le donnait pas toujours. Enfin,
ce régiment, après qu'on l'avait acquis, on n'en était
pas tout à fait le maître. Les colonels ne choisissent
plus leurs officiers comme ils veulent, et n'adminis-
trent pas à leur gré. Ils sont surveillés de près par
des inspecteurs, en général des soldats de fortune,
gens durs et vétilleux, qui ne laissent passer aucune
irrégularité et signalent tout au ministre, de manière
que le Roi a désormais la main partout. — C'était
une révolution dans l'art de la guerre.

Cette révolution, quoi que dise Saint-Simon, s'était faite avec certains ménagements. Quand il s'agissait de très grands personnages, les rigueurs de la discipline étaient fort adoucies. Tandis qu'on envoie la petite noblesse s'instruire dans les compagnies de cadets, à Metz, à Tournai, à Valenciennes, à Besançon, etc., pour le fils d'un personnage important on se contente d'un an d'apprentissage dans la maison du Roi. Saint-Simon commença, nous l'avons dit, par servir dans les mousquetaires et monter la garde à la porte des salons de Versailles : il faut avouer que ce n'était pas un service fort pénible et qui dut mécontenter un grand seigneur; et quand de Versailles il accompagna le Roi à l'armée, on lui permit de se faire suivre de deux gentilshommes et d'un équipage de 35 chevaux ou mulets : c'était un train de duc et pair beaucoup plus que de simple soldat.

Il n'en est pas moins très sévère pour le régime institué par Louvois. Comme les meilleures choses ont leurs mauvais côtés, il en a fort habilement relevé les désavantages. Il montre que cette grande centralisation administrative et militaire est tentée de se perdre par l'excès des règlements minutieux, qu'elle abonde « en vétilles et pointilles inutiles », qu'elle favorise les génies médiocres et réguliers, tandis qu'elle risque d'impatienter et de rebuter les gens de talent. « L'ordre du tableau », c'est-à-dire l'avancement à l'ancienneté, qui est aussi une invention de Louvois, met surtout Saint-Simon en fureur. S'il s'était contenté de reprocher à ce système, quand il

est appliqué dans sa rigueur, de n'être pas favorable
à l'esprit d'initiative, de nuire à l'émulation, de
nourrir l'inaction et la routine, s'il avait dit seulement qu'avec l'ordre du tableau on ne peut plus
compter d'avoir de grands capitaines, qui gagnent
des batailles à vingt ans, comme Condé, et qu'il convient, à côté des récompenses qu'on accorde à l'ancienneté des services, de faire une place pour les
mérites exceptionnels, il serait possible de lui donner
raison. Mais ce qui l'irrite contre les réformes de
Louvois, c'est qu'elles forcent les grands seigneurs,
c'est-à-dire « des gens nés pour commander aux
autres », à porter le mousquet comme de simples
soldats, à suivre le chemin par lequel passe tout le
monde, ou, comme il dit, « à n'être plus qu'un vil
peuple en toute égalité ». Ici il nous est impossible
de le suivre, et nous sommes tentés au contraire de
tourner ses critiques en éloges. Nous ne pouvons
pas en vouloir à Louvois, comme Saint-Simon,
d'avoir rendu le service *populaire* : en créant l'armée
du Roi, il préparait l'armée de la nation.

Avec ses répugnances contre les règlements nouveaux et son regret du passé, Saint-Simon ne pouvait pas être un de ces soldats obéissants et disci-
plinés comme les voulait Louis XIV. Il n'était guère
possible que ce mécontent, ce frondeur eût l'entraînement et l'élan qui sont nécessaires à un officier
pour le tirer de pair et faire sa fortune. Aux sièges
de Namur et de Charleroi, à la bataille de Nerwinde,
il se conduisit comme les autres, mais pas mieux

qu'eux. Nulle part il ne trouvâ l'occasion de se faire
remarquer. Après la paix de Ryswick, son régiment
fut réformé, et il en éprouva un très vif dépit. En
1712, comme une nouvelle guerre se préparait, le
Roi fit une promotion nombreuse de brigadiers, dans
laquelle il ne fut pas compris. Ce qui augmenta sa
mauvaise humeur, c'est qu'il s'y trouvait quatre mes-
tres de camp moins anciens que lui. Il fut outré de
ce qu'il regardait comme une injustice, et, sous prétexte de sa mauvaise santé, il prit le parti de ne plus
servir. Le Roi, auquel il annonça sa résolution
par une lettre respectueuse, mais ferme, en fut très
mécontent. « Eh bien! monsieur, dit-il à Chamillart,
voilà encore un homme qui nous quitte! » et il lui
en garda longtemps rancune.

CHAPITRE III

SAINT-SIMON A LA COUR

En quittant le service, Saint-Simon ne prenait pas congé de la cour. Au contraire, il disait au Roi, dans sa lettre, que « la résolution qu'il avait prise bien malgré lui aurait au moins l'avantage de le rendre plus assidu auprès de sa personne et de lui procurer l'honneur de le voir d'une façon plus continue ». Il a tenu parole, et l'on peut dire que jusqu'à la mort du Roi il ne s'est éloigné de Versailles que par accident et pour quelques jours. Il nous faut l'y suivre pour achever de le bien connaître, voir ce qu'il y faisait et comment il y a vécu.

Versailles a été pendant un siècle — du 6 mai 1682 au 6 octobre 1789 — le siège de la monarchie française; mais ce n'était pas un palais comme un autre. Louis XIV lui donna, en le rebâtissant, un caractère tout particulier : il n'en fit pas seulement la résidence du Roi, comme avait été Saint-Germain, mais la demeure de la royauté. Dans ces deux immenses ailes

dont il flanqua le petit château de cartes de son père,
il voulut réunir tout ce qui avait quelque part à son
autorité ou quelque place dans sa faveur. Cette con-
centration devait avoir des conséquences fâcheuses.
Je ne veux pas seulement parler des ambitions, des
rivalités qui, étant ainsi rapprochées, devenaient
plus vives, des intrigues perpétuelles et acharnées
sur ce théâtre étroit; ce qui est plus grave, c'est
que Versailles, avec sa population pressée, formait
un monde qui se suffisait à lui-même, qu'on y respi-
rait une atmosphère à part, que l'air du dehors ne
venait pas rafraîchir, et qu'ainsi la royauté et la
nation risquaient de s'isoler l'une de l'autre et pouvaient finir par ne plus se reconnaître. — Ce fut une
des grandes causes de la Révolution française.

Quelque vaste que fût le château, tout le monde
n'y pouvait pas demeurer; on était quelquefois forcé
d'habiter dans les environs. Saint-Simon, qui ne
voulait pas perdre la cour de vue, possédait à Versailles un petit hôtel qui existe toujours, dans l'ave-
nue de Saint-Cloud. Il aurait bien voulu être encore
plus rapproché du Roi et obtenir un logement dans
le château même : c'était le vœu de tout le monde;
mais il ne fut réalisé pour lui qu'assez tard. En attendant, il vivait d'emprunt, tantôt campé dans un
cabinet de M. de Pontchartrain, tantôt habitant chez
le jeune duc de Lorges, son beau-frère. Il ne fut définitivement logé qu'en 1710, quand Mme de Saint-
Simon devint dame d'honneur de la duchesse de
Berry. Son appartement était au premier étage, de

plain-pied avec la chapelle, vers le milieu de l'aile du Nord, qu'on appelait l'aile neuve. Il se composait de deux chambres et de deux cabinets qu'on avait coupés par le milieu dans la hauteur, et qui formaient de petites pièces obscures et mansardées, où ne pénétraient ni l'air ni le jour. C'est dans l'une de ces pièces, qu'il appelait *son trou d'entresol*, qu'il se retirait pour travailler. Voilà pourtant où consentaient à vivre les plus grands personnages, qui possédaient ailleurs de riches hôtels, des châteaux magnifiques, avec toutes les commodités et toutes les élégances de la vie! Pour être près du Roi, à la source des distinctions et de la fortune, ils renonçaient aux plaisirs du chez-soi, à l'intimité de la famille, ils compromettaient leur bonheur, ils risquaient même leur santé, car cette immense maison où, depuis le rez-de-chaussée jusqu'aux combles, se pressaient cinq mille habitants, était fort malsaine. Les maladies de venin, comme on disait alors, quand elles s'y mettaient, n'épargnaient ni petits ni grands. Il circulait alors des bruits sinistres : on parlait de poison, on racontait les circonstances du crime, on nommait tout bas les coupables. C'étaient de vaines hypothèses : ne suffisait-il pas, pour expliquer ces accidents tragiques, de l'entassement de tant de personnes dans cette demeure superbe et empestée?

Comment les habitants du château passaient-ils leur existence? Saint-Simon est un de ceux qui nous le font le mieux connaître. Il a dépeint un peu partout, dans ses *Mémoires*, ce qu'il appelle d'un mot

fort heureux la *mécanique* de la cour. C'est bien, en
effet, une mécanique, une sorte d'horloge montée
toujours de la même façon, et qui marque pour
chaque moment de la journée l'occupation à laquelle
on doit se livrer ou le plaisir qu'il faut prendre.
Tout est réglé et fixe. Le Roi se lève et se couche
tous les jours avec le même cérémonial; il a ses
heures pour recevoir sa famille, tenir ses conseils,
travailler avec ses ministres. Quoi qu'il ait à faire, il
assiste à la messe tous les matins : il n'a manqué de
l'entendre qu'une fois dans sa vie, pendant une de
ses campagnes. Il dîne à deux heures; puis, quelque
temps qu'il fasse, il se promène dans ses jardins, il
va voir planter ou bâtir et cause avec les ouvriers :
c'est une de ses grandes distractions, aussi ne
cesse-t-il de bâtir et de planter. Plusieurs fois par
semaine, il chasse à tir ou à courre. Il se contente
ordinairement de courir le cerf; mais son fils, qui
aime les exercices violents, chasse le loup. — Qui
le croirait? il y a deux siècles à peine, on prenait
encore des loups dans la forêt de Meudon et même
dans le bois de Boulogne. — Quand la nuit tombe,
on rentre. Alors commence ce qu'on appelle « les
grands appartements ». Dans la saison d'hiver, trois
fois par semaine, depuis le salon de la Guerre jusqu'à la chapelle, tout est ouvert et éclairé; partout
on se presse; les courtisans se livrent à toute sorte
de divertissements : on regarde danser, on écoute les
symphonies, surtout on joue. Le jeu, la grande distraction des désœuvrés, fleurit plus que tout le reste

à la cour de Louis XIV! Il y a des joueurs habiles, comme Langlée et Dangeau, qui s'enrichissent : c'est le petit nombre. Quelques-uns, même parmi les plus grands seigneurs, comme d'Antin, sont soupçonnés de n'être pas honnêtes, et « d'aider la fortune ». D'ordinaire on perd plus qu'on ne possède, et l'on se ruine. A dix heures, le Roi soupe à son grand couvert, et les courtisans le regardent souper. Quelquefois, dans les circonstances extraordinaires, la fête se prolonge. La grande galerie s'éclaire de deux mille bougies et l'on danse jusqu'au jour. Ajoutons à ces divertissements de Versailles un séjour régulier tous les ans à Compiègne et à Fontainebleau, et de temps en temps des voyages de quelques jours à Marly, et nous aurons le tableau complet de la vie qu'on mène à la cour depuis le 1er janvier jusqu'au 31 décembre.

Cette vie a été celle de Saint-Simon jusqu'à la mort de Louis XIV; pendant vingt-quatre ans il a fait exactement ce que faisaient tous les autres. Le matin, il assistait au lever du Roi, il le suivait à la chapelle, il le regardait prendre ses repas, il l'accompagnait dans ses promenades. Quand c'était le jour d'aller à Marly, il s'approchait de lui, comme tout le monde, en disant : « Sire, Marly »; fort heureux si le Roi le mettait sur la liste des favorisés qu'il y emmenait avec lui. Le soir, il se trouvait à son coucher, et se regardait comme très honoré de tenir son bougeoir, pendant qu'il lisait ses prières. Il était de toutes les fêtes, et même, à ce qu'il

semble, il y trouva d'abord du plaisir. Il a pris soin
de noter, dans ses *Mémoires*, comme un événement
d'importance, qu'en 1692 il dansa pour la première
fois chez le Roi « et qu'il y menait Mlle de Sour-
ches, la fille du grand prévôt, qui dansait fort bien ».
En 1700, l'hiver fut très brillant; « il n'y avait soir
qu'il n'y eût bal », et Saint-Simon n'en manqua pas
un. « Mme de Saint-Simon et moi, dit-il, fûmes les
dernières trois semaines sans voir le jour. Je fus
ravi de voir arriver les Cendres et j'en demeurai un
jour ou deux étourdi. » Cependant on se lasse de
tout, et du plaisir plus vite que du reste. En 1708,
Saint-Simon avait trente-trois ans; il crut pouvoir
prendre sa retraite des bals de la cour et n'y plus
paraître que comme spectateur. Le Roi n'en fut pas
content; il voulait qu'on s'amusât. Quand il donnait
une fête, personne n'avait le droit de s'en dispenser.
Un jour que Mme de Saint-Simon avait perdu l'une
de ses meilleures amies, elle aurait bien désiré ne
pas assister à un bal de la cour; mais, de peur de
fâcher le maître, elle n'osa pas rester chez elle.
« Cinq ou six heures après en avoir appris la nouvelle, avec les yeux gros et rouges, il fallut aller
danser. » On ne devait pas pleurer à Versailles, et
le Roi en donnait l'exemple; rien n'interrompait pour
lui le cours des divertissements. Dangeau rapporte
que lorsqu'il apprit la mort de M. le Prince (le grand
Condé), il s'en montra très affligé; puis il ajoute :
« Le soir, il y eut comédie ». Il faut rendre cette justice à Saint-Simon que cette insensibilité royale,

que d'autres appellent grandeur d'âme, l'indignait.
Quand il nous raconte que le roi d'Espagne, le jour
des obsèques de sa femme, avec laquelle il avait très
bien vécu, se laissa persuader d'aller chasser, et
que s'étant trouvé à portée du convoi, il le regarda
passer et continua sa chasse, il ne peut s'empêcher
de s'écrier : « Ces princes sont-ils faits comme les
autres humains ? »

Quand on connaît Saint-Simon, on n'est pas surpris que cette vie à la fois si pleine et si vide ne
l'ait pas toujours contenté. Il se sentait fait pour
autre chose que pour tenir la nappe du Roi quand il
communiait, ou porter son bougeoir à son coucher.
Ce « tissu de petitesses arrangées », comme il l'appelle, dont se composait la vie d'un courtisan, et qui
suffisait à tant d'autres, lui parut à la fin intolérable.
Il devait être un jour tenté de faire quelque effort
pour sortir de son oisiveté et toucher à des affaires
plus sérieuses ; et il n'était pas possible non plus
que le Roi, qui avait l'œil sur tout, ne finît pas par
s'en apercevoir.

Comment naquit, entre le Roi et Saint-Simon,
cette inimitié réciproque dont la trace se retrouve à
chaque instant dans les *Mémoires* ? Il est aisé de s'en
rendre compte. Chez Saint-Simon, ce sentiment
remontait haut, et jusqu'à sa première jeunesse. Son
père, qui n'avait aucune raison de se plaindre de
son sort, était pourtant un mécontent. L'ancien
favori de Louis XIII se sentait dépaysé au milieu
d'une cour nouvelle. L'isolement où on le laissait,

quand il lui arrivait d'y paraître, la froide politesse
du Roi, la hauteur des ministres, le faisaient amère-
ment souvenir de ces quelques années où il jouait
un rôle important, où sa protection était recher-
chée, où il avait des courtisans et des flatteurs. Aussi
s'était-il décidé à rester le plus possible chez lui,
avec des amis de son âge, qui partageaient ses
regrets. La société de ce vieillard morose, qui parlait toujours d'une autre époque, et ne trouvait pas
le présent à son gré parce qu'il ne s'y trouvait pas
à sa place, dut exercer une grande influence sur un
jeune homme qui aimait tendrement et respectait
son père. Les autres arrivaient à la cour disposés à
tout admirer, prêts à se laisser éblouir par cette
grandeur et cette gloire qu'ils entendaient vanter
depuis leur enfance ; quant à lui, qui avait passé ses
premières années à côté de gens qui parlaient de
tout librement, il lui fut aisé de se défendre de ces
séductions. Ces dehors brillants, qui tournaient la
tête à la jeunesse, ne lui cachèrent pas le vide du
fond ; en face du Roi, il fut maître de lui dès le début
et le jugea.

Le Roi, de son côté, comprit vite que ce petit
duc hautain et cérémonieux échappait à sa puissance, et ils passèrent vingt-quatre ans l'un près
de l'autre, dans des rapports de malveillance
polie, qui faillirent plus d'une fois arriver à des
éclats fâcheux. Louis XIV n'aimait pas les gens qui
avaient leur franc parler, et Saint-Simon avoue lui-
même qu' « il s'exprimait sur les hommes et sur les

choses d'une façon à emporter la pièce ». Quand
plus tard le Roi lui annonça, avec beaucoup de bonne
grâce, qu'il nommait Mme de Saint-Simon dame
d'honneur de la duchesse de Berry, il lui dit, en
finissant l'entretien : « Surtout, monsieur, il faut
tenir votre langue ». Ce qui ne blessait pas moins
Louis XIV, c'est la susceptibilité farouche de Saint-
Simon sur tout ce qui tenait à son rang. Il lui fut
insupportable de voir ce jeune homme, dès son
arrivée à la cour, s'engager sans cesse dans des
luttes de préséance, se faire l'âme d'un parti et
pousser les autres ducs à des résistances qui lui
déplaisaient. Il n'aimait la noblesse que comme une
sorte de décoration pour son trône, et il n'était pas
disposé à lui reconnaître des droits qui la rendraient
indépendante de son autorité. Il tenait à « communiquer l'être à tout », et tout ce qui prétendait avoir
quelque existence par soi-même lui faisait ombrage.
Il lui semblait sans doute que s'attacher aux privilèges de la naissance et les soutenir était une manière
de limiter son pouvoir. — Remarquons en passant
que, s'il en est ainsi, ces questions de préséance ne
doivent pas nous sembler aussi futiles que nous nous
le figurons, puisqu'au fond il s'agissait de savoir s'il
y avait quelque droit en dehors de l'autorité royale,
si devant ce despotisme sous lequel ployait toute la
France, quelques familles au moins pourraient encore
rester debout. J'avoue que lorsqu'on fait ces réflexions
on est disposé à trouver les disputes éternelles de
notre forcené duc et pair moins ridicules, et que la

sévérité même de Louis XIV pour lui nous avertit
de lui être un peu plus indulgents.

Il y avait encore d'autres raisons qui devaient
éloigner le Roi de lui. D'abord il ne pensait pas
comme tout le monde, ce qui était un défaut dans
une cour si bien réglée. De plus, sa façon de vivre
n'était pas tout à fait celle des autres : il ne jouait
pas, il ne dansait plus, il ne chassait guère ; que
pouvait-il donc faire à ses heures de loisir ? On
savait qu'il lisait et qu'il écrivait beaucoup, et ses
ennemis en profitaient pour le rendre suspect. Ils
affectaient de vanter son esprit et ses connaissances ;
or le Roi n'aimait pas qu'on dépassât la ligne commune. Il avait un goût particulier pour les gens ordinaires ; c'est ce qui le charmait surtout chez le duc de
la Rochefoucauld, le fils de l'auteur des *Maximes*, qui
ne ressemblait pas à son père : « Son court, dit Saint-
Simon, lui plut et le mit à l'aise ». Au contraire, il se
sentait gêné avec des gens qui en savaient plus que
lui. Ceux qui exprimaient des opinions personnelles,
qui, dans leurs entretiens, « s'écartaient de la fadeur
de la *Gazette de France* », lui semblaient dangereux.
Les *discoureurs* étaient pour lui ce qu'étaient les
idéologues pour Napoléon. Il soupçonnait que lorsqu'on étudie trop le passé, c'est pour y chercher des
motifs de n'être pas satisfait du présent et que les
gens qui se permettaient « d'avoir des vues » avaient
ordinairement des vues contraires aux siennes.

Il faut avouer qu'en ce qui concerne Saint-Simon
il ne se trompait pas. Il devinait juste, quand il

voyait en lui un mécontent, presque un révolté. Et
ce mécontent n'était pas de ceux dont la mauvaise
humeur ne va pas plus loin que de se moquer de
temps en temps des gens en place. Après avoir
attaqué les ministres, il s'en prenait au gouvernement même. Le régime sous lequel il vivait ne lui
plaisait pas ; il en voyait les défauts et osait les dire.
Il avait des idées à lui sur le gouvernement, et quand
il était seul, dans son trou d'entresol, il écrivait des
projets pour réformer l'État. Quoiqu'il prétende que
c'était « pour son soulagement », et sans aucune
pensée de voir jamais ses plans se réaliser, je crois
bien qu'au fond il nourrissait quelque vague espérance de n'avoir pas travaillé pour rien. Il ne s'est
jamais défendu d'être ambitieux, et il avouait de
bonne grâce à ses amis qu' « il aurait souhaité d'être
élevé à la première dignité de son pays ». Il aimait
le pouvoir, et en attendant qu'il l'exerçât lui-même, il
s'approchait volontiers de ceux qui en étaient revêtus.
On a remarqué qu'à un moment il s'est trouvé inti-
mement lié avec les ministres les plus importants. Il
connaissait de tout temps le chancelier Pontchartrain ; Beauvillier, qui le traitait comme un fils, lui
procura l'amitié du duc de Chevreuse, son beau-
frère, « avec lequel il n'était qu'un cœur et qu'une
âme ». Enfin il finit par entrer fort avant dans les
confidences de Chamillart, qui occupait à la fois la
place de Louvois et celle de Colbert. Il n'est guère
vraisemblable que ces brillantes liaisons lui soient
venues toutes seules, comme il a l'air de le dire, et

sans qu'il allât au-devant d'elles; mais quand il se
serait donné, pour les acquérir, plus de peine qu'il
ne le laisse entendre, je ne vois pas qu'il y ait lieu
de le lui reprocher. Ce n'est pas un crime après tout
que de vouloir se mettre bien avec un ministre. En
tout cas, nous pouvons être sûrs que, dans ses rapports avec ces grands personnages, il n'a jamais
manqué de dignité. C'était un mauvais courtisan; il
a dû souvent lui arriver, par sa rude franchise, par
la bonne opinion qu'il avait de lui et l'obstination
qu'il mettait à défendre ses idées, d'impatienter des
gens qui ne sont guère accoutumés à être contredits.
Un jour, le duc de Beauvillier, frappé de quelques
observations qu'il lui présentait sur la conduite du
duc de Bourgogne, le pria de les écrire pour les
mettre sous les yeux du prince. Saint-Simon, qui
ne demandait pas mieux, en commença la rédaction avec beaucoup de réserve et de retenue : il
voulait instruire et non blesser; mais bientôt après
« la plume lui tourna dans les doigts »; il fut si
franc, si vif, si dur même qu'on n'osa pas montrer
l'écrit à celui pour lequel il était fait. Saint-Simon
nous l'a conservé dans ses *Mémoires*, et il a eu bien
raison, car il lui fait grand honneur. Après avoir
donné au prince d'excellents conseils, il n'hésite pas
à lui dire des vérités fâcheuses : il lui reproche de
vivre trop à l'écart, de perdre trop de temps aux
pratiques d'une dévotion mal éclairée, de ne pas
s'émanciper assez de son confesseur, de manquer
de sérieux dans ses divertissements et de prendre

des plaisirs « de séminariste en récréation ». Il est rare qu'on parle de ce ton à l'héritier d'un trône. Ce petit écrit est l'œuvre non seulement d'un homme de sens et d'un politique, mais d'un honnête homme qui risque de déplaire pour être utile et songe à l'État plus qu'à lui-même.

Cette liberté de parole n'était pas le meilleur moyen de réussir à la cour : Saint-Simon s'en aperçut bien. Le Roi, auquel on avait soin de redire les propos piquants qui lui échappaient, était de plus en plus irrité contre lui. Ses liaisons avec les ministres, loin de le servir, lui faisaient des jaloux. « On ne voulait pas, dit-il, que j'eusse des ailes ! » Aussi, quand arriva la disgrâce de Chamillart, qui semblait lui enlever sa dernière espérance, il regarda sa situation comme tout à fait perdue. Fatigué de ce qu'il appelle « ses fortunes de perspective », qui ne se réalisaient jamais, il forma le projet de quitter définitivement la cour. Heureusement pour lui et pour nous, sa femme et quelques amis le retinrent. Mme de Saint-Simon était encore jeune ; il lui parut sévère d'aller s'enterrer à la Ferté. Elle décida son mari à faire une dernière tentative avant de prendre une aussi grave résolution. Il demanda donc une audience au Roi, s'expliqua devant lui, parvint à dissiper ses soupçons et crut avoir reconquis sa confiance.

Ce fut une crise décisive dans la vie de Saint-Simon. A partir de ce moment, ses affaires prirent une autre tournure. Il eut assez d'ascendant sur le duc d'Orléans, avec lequel il était resté lié depuis son enfance, pour le décider à se séparer de Mme d'Argenton, sa maîtresse déclarée ; puis il prit une part très importante au mariage de Mademoiselle et du duc de Berry. A l'en croire, c'est lui qui aurait tout conduit ; il est sûr au moins qu'il écrivit la lettre que le duc d'Orléans adressait au Roi pour lui demander de l'honorer de cette alliance. Mais ce qui fut pour Saint-Simon un plus grand succès que tout le reste, c'est que M. de Beauvillier l'introduisit auprès du duc de Bourgogne, son élève.

Le duc de Bourgogne, ou plutôt le Dauphin (c'est ainsi qu'on l'appelait depuis la mort de Monseigneur), accueillit bien Saint-Simon ; il le reçut en particulier et le fit parler de ce qui lui tenait le plus au cœur, de sa dignité perdue, des privilèges qu'on avait ôtés aux ducs et pairs et de la nécessité de les leur rendre. Saint-Simon était si plein de son sujet qu'il dut s'exprimer avec éloquence : il nous dit que le Dauphin en fut touché. D'autres audiences suivirent, où les questions les plus graves furent abordées. Le mystère même, et un certain air de conspiration, dont ces rendez-vous étaient entourés pour en dérober la connaissance au Roi, leur donnaient un charme de plus. A l'heure convenue, Saint-Simon s'insinuait par la garde-robe où Duchesne, le valet de chambre du prince, l'attendait. Quand il s'était introduit dans le cabinet, les verrous étaient tirés. — Une seule fois la précaution fut oubliée, et la Dauphine surprit les interlocuteurs. — Sûrs de

n'être pas entendus, ils s'entretenaient en toute
liberté. La conversation était longue, sérieuse, pré-
cise : « nul verbiage, nul compliment, nulles louanges, nulles chevilles, aucune préface, aucun conte,
pas la plus légère plaisanterie : tout serré, substan-
tiel, au fait, au but ; rien sans raison, sans cause,
rien par amusement et par plaisir ». Ce qui charmait
le Dauphin, c'est que Saint-Simon n'était jamais pris
au dépourvu ; il avait beaucoup réfléchi, il était prêt
sur tout. Ces fameux plans de gouvernement, qu'il
avait rédigés dans ses loisirs, et qu'il tenait sous
clef par prudence, sortirent enfin de l'ombre. Il arrivait à ces audiences les poches enflées de papiers
qui concernaient les affaires les plus graves ou les
personnages les plus haut placés de la cour, sur lesquels le Dauphin lui avait demandé des renseignements particuliers. « Je riais souvent en moi-même,
dit-il, passant par le salon, d'y voir force gens qui
se trouvaient actuellement dans mes poches et qui
étaient bien éloignés de se douter de l'importante
discussion qui allait se faire d'eux. » Pour dérouter
les curieux, il évitait de prendre un air d'importance ;
il s'appliquait à paraître indifférent, désoccupé ; mais,
quelque soin qu'il prît de se contenir, il est probable
que sa joie perçait malgré lui. Il voyait bien qu'on
s'apercevait de quelque chose. « Il était regardé,
examiné, compté tout autrement qu'il ne l'avait été
jusqu'alors ; on le craignait, on le courtisait » : ce
qui, au fond, ne lui était pas désagréable. Je ne crois
pas qu'il ait jamais été plus complètement heureux

dans sa vie. On sait quel coup de foudre mit fin à ce
rêve et l'épouvantable catastrophe qui, en dix jours,
coucha dans la même tombe le mari, la femme et
leur fils aîné. Jamais une douleur aussi violente
n'atteignit au cœur Saint-Simon. Il voyait toutes
ses espérances s'évanouir à la fois. Sa parole a des
accents d'oraison funèbre, quand il déplore ce terrible mécompte. Il a tenu à retracer les moindres
circonstances de sa dernière rencontre avec le Dauphin. C'était à Marly, le lendemain du jour où la
Dauphine était morte. Le pauvre prince, accablé de
douleur et déjà lui-même mortellement atteint, hésitait à entrer chez le Roi qui l'attendait. « Voyant qu'il
demeurait et se taisait, j'osai lui prendre le bras, lui
représenter que tôt ou tard il faudrait bien qu'il vît
le Roi, qu'il y avait plus de grâce à ne pas différer,
et en le pressant de la sorte je pris la liberté de le
pousser doucement. Il me jeta un regard à percer
l'âme et partit. Je le suivis quelques pas et m'ôtai de
là pour prendre haleine. Je ne l'ai pas vu depuis.
Plaise à la miséricorde de Dieu que je le voie éter-
nellement où sa bonté sans doute l'a mis! »

CHAPITRE IV

LES IDÉES POLITIQUES DE SAINT-SIMON

Cependant tout espoir n'était pas perdu pour Saint-Simon, il lui restait l'amitié du duc d'Orléans, qui allait être régent du royaume, et auquel il venait précisément de rendre un de ces services qui ne peuvent pas s'oublier. La mort de Monseigneur, du Dauphin et de la Dauphine, du duc de Bretagne, du duc de Berry, survenant coup sur coup, avait causé une sorte de terreur dans le public. On croyait à des crimes, et l'on accusait naturellement celui qui devait en profiter. Ce fut un déchaînement général contre le duc d'Orléans ; le peuple le huait lorsqu'il traversait Paris, les courtisans s'écartaient de lui quand il paraissait à Versailles. Seul, ou presque seul, Saint-Simon osa braver cette sorte « d'excommunication civile », et il affecta de se montrer plus souvent avec le prince, depuis que tout le monde l'abandonnait. Il était évident que le duc d'Orléans se souviendrait de cette conduite, et que, dès qu'il

serait devenu le maître, il donnerait à un ami si
dévoué quelque part dans les affaires.

Saint-Simon allait donc se trouver en mesure
d'appliquer les projets de réformes politiques dont
il était depuis si longtemps occupé. Avant qu'il essaie de les faire prévaloir dans les conseils du gouvernement, il convient que nous cherchions à les
connaître et à les juger.

Rien ne nous est plus facile, car il n'en a jamais
fait mystère; non content d'en exposer les grandes
lignes dans ses *Mémoires*, et d'en développer des
parties détaillées dans les notes que contiennent ses
papiers inédits, il a consacré tout un ouvrage à nous
les présenter dans leur ensemble. Cet ouvrage, l'un
des plus soignés qu'il ait écrits, et d'où il a pris
la peine de bannir, ce qui est rare chez lui, toute
digression inutile, a été retrouvé à la Bibliothèque
Nationale, et publié par M. Paul Mesnard. Le manu-
scrit n'est pas signé et « les projets de gouvernement » qu'il renferme sont mis sous le nom du duc
de Bourgogne; mais l'auteur s'y révèle à chaque
ligne, et il est impossible de douter que ce ne soit
Saint-Simon. Non seulement c'est lui qui a tenu la
plume, mais il a prêté très souvent ses idées au
prince. Le duc de Bourgogne était mort quand l'ouvrage fut écrit; il ne pouvait plus réclamer. D'ailleurs nous savons qu'il était d'accord dans les points
principaux avec Saint-Simon; c'était assez pour que
Saint-Simon laissât croire qu'ils s'entendaient sur
tout et se permît de couvrir toutes ses opinions de

cette grande autorité. Nous sommes donc sûrs d'avoir
dans ce livre tout son système; il nous suffira pour
le faire connaître d'en détacher les parties les plus
importantes en les éclairant par les *Mémoires*, qui en
sont le commentaire perpétuel.

Il nous a très agréablement raconté comment le
hasard amena un jour le duc de Chevreuse et lui
à se faire mutuellement confidence des plans qu'ils
avaient faits l'un et l'autre pour gouverner l'État.
C'était un personnage fort singulier et tout à fait
chimérique que le duc de Chevreuse, quoiqu'il fût ce
que nous appellerions aujourd'hui un ministre sans
portefeuille, c'est-à-dire qu'il entrât dans le conseil
sans avoir des attributions précises. En tant que
ministre, il servait fidèlement l'ordre établi, et aurait
regardé comme un crime de rien changer aux vieilles
routines; mais, dans son cabinet, il reprenait sa
liberté; il devenait audacieux, novateur; il n'hésitait
pas à modifier les institutions les plus vénérables, et
refaisait l'État entre quatre murs, sans que jamais il
en transpirât rien au dehors. Un jour pourtant qu'il
se trouvait chez le duc de Saint-Simon, et seul avec
lui, il se laissa aller à dire un mot de quelques-uns
de ces projets qu'il édifiait en cachette. Pendant
qu'il parlait — il savait qu'il parlait bien et naturellement il aimait beaucoup à parler, — Saint-
Simon éprouvait une surprise qu'il ne pouvait pas
dissimuler. Le duc de Chevreuse s'en aperçut et le
pressa de lui en dire la cause. Pour toute réponse,
Saint-Simon prit une clef dans sa poche, ouvrit une

petite armoire et en tira trois cahiers qu'il présenta
à son interlocuteur. Lui aussi, nous l'avons vu, faisait à ses heures des plans de gouvernement et les
jetait sur le papier « pour se soulager ». Cette fois,
ce fut le tour du duc de Chevreuse d'être surpris.
A mesure qu'il lisait, il s'apercevait que les plans de
Saint-Simon étaient tout à fait semblables aux siens :
les deux réformateurs s'étaient rencontrés sans s'être
entendus.

Il y a quelques conséquences à tirer de cette anecdote, qui ne sont pas sans intérêt. Elle montre
d'abord qu'à ce moment on s'occupait de divers
côtés à réformer l'État. Tant que le Roi fut heureux,
son gouvernement parut irréprochable; personne
n'aurait voulu que rien y fût modifié. On le jugeait
plus sévèrement depuis que la fortune était contraire; les malheurs publics y faisaient découvrir des
défauts dont on ne s'était pas encore avisé, et l'on
cherchait le moyen de les corriger. Ce qui est à
remarquer, c'est que ces recherches aboutissaient
souvent à des résultats semblables. Non seulement
Saint-Simon et Chevreuse, comme nous venons de
le voir, mais des esprits très différents, partis de
principes fort opposés, Fénelon, l'abbé de Saint-
Pierre, dans les réformes qu'ils proposaient, s'entendaient pour l'essentiel. Cette ressemblance, qui
peut d'abord paraître étonnante, s'explique pourtant
sans trop de peine : on avait recours aux mêmes
remèdes, parce qu'on souffrait du même mal. Les
réformateurs différaient les uns des autres dans ce

que leurs systèmes avaient de chimérique, chacun
ayant sa chimère à soi. Ils étaient d'accord quand
il s'agissait de guérir les maladies dont on se sentait
réellement atteint. Par exemple, l'abus que Louis XIV
avait fait du pouvoir absolu en avait montré les dangers à tout le monde; aussi tout le monde était-il
d'avis qu'il ne fallait plus laisser au Roi une puissance sans limite. Voilà pourquoi la convocation des
États généraux se retrouve dans tous les program-
mes. Tantôt on les réunit une fois par an, tantôt
tous les cinq ans seulement; on étend leur compé-
tence ou on la diminue; on imagine des modes très
différents de les nommer, qui les rendront plus indé-
pendants ou les mettront davantage dans les mains du
Roi; mais partout on leur fait une place, plus petite
ou plus grande, dans le gouvernement du royaume,
et on les charge de contrôler et de contenir l'autorité
royale. Cette autorité, depuis Louis XIV, s'était
incarnée dans les ministres. Les quatre secrétaires
d'État, de la guerre, de la marine, de la maison du
Roi, et des affaires étrangères, avec le contrôleur
général des finances, par les mains desquels passait
le pouvoir souverain, étaient devenus odieux. On les
rendait responsables des mesures qu'ils exécutaient
et qu'on les soupçonnait d'avoir suggérées. « C'étaient
les cinq Rois de France, qui exerçaient la tyrannie,
sous le nom du Roi véritable, et souvent à son insu. »
Aussi sont-ils partout supprimés et remplacés par
des conseils qui doivent contenir les gens les plus
distingués et les plus importants du royaume.

Mais il ne faut pas être tout à fait dupe de ces
ressemblances. On s'aperçoit, quand on regarde de
près, que ces projets, qui paraissent d'abord se copier
les uns les autres, sont souvent conçus dans un
esprit très différent. Chacun des réformateurs, sous
le couvert du bien public, a ses vues propres et
poursuit un but particulier. Saint-Simon, pour ne
parler que de lui, ne songe qu'aux intérêts de la
noblesse. C'est pour elle seule qu'il travaille, et il
lui paraît qu'il suffit qu'elle soit satisfaite pour que
tout l'État soit heureux. Il la traite avec tant de complaisance, il partage si complètement ses illusions,
ses préjugés, qu'on éprouve plus d'une fois quelque
impatience à le lire. On lui en veut des petitesses
auxquelles il ne peut se soustraire quand il s'agit
des privilèges de la naissance. Rien n'est plus co-
mique que de le voir se dresser dans sa petite taille,
lorsqu'il nous dit, en parlant de lui : « un homme
de ma sorte ». Il a de temps en temps, à propos des
vilains et de la canaille, de ces impertinences de
langage qui conviendraient mieux à quelqu'un de ces
sots de qualité, dont il nous a fait le portrait, qu'à
un homme d'esprit comme lui. Il n'est tendre « aux
gens de rien » qu'à la condition qu'ils se souvien-
nent de leur naissance et qu'ils gardent devant les
grands seigneurs une attitude respectueuse. Valin-
court, le conseiller du comte de Toulouse, le succes-
seur de Racine à l'Académie française, lui plaît
beaucoup, « parce qu'il se tient toujours à sa place ».
Ce qu'il prise le plus chez Catinat, ce n'est pas

d'avoir gagné des batailles, d'être un brave et un sage, c'est « de n'avoir jamais oublié le peu qu'il était ». Parlez-moi de Gourville, un fort habile homme, qui avait su ramasser une très grosse fortune, qui était considéré du Roi, ménagé par les ministres; il avait épousé en secret une des sœurs du duc de la Rochefoucauld, dont il était l'intendant, et il se tenait toujours respectueusement devant elle, comme un ancien domestique de la maison. Voilà comment il faut être! Au contraire, il se fâche contre Vauban, dont il a parlé ailleurs avec tant d'admiration, parce qu'il s'est laissé nommer chevalier des ordres du Roi. Il était de trop petite noblesse pour un tel honneur : « rien de si court, de si plat, de si mince ». Et Du Casse, le vaillant chef d'escadre, dont il nous dit : « C'était un des meilleurs citoyens et l'un des meilleurs et des plus généreux hommes que j'aie connus », il ne lui pardonne pas d'avoir accepté la Toison d'or du roi d'Espagne. La Toison d'or, que Saint-Simon a portée, n'était pas faite pour le fils d'un petit charcutier, qui vendait des jambons à Bayonne. Il est vrai que son bon sens semble le reprendre aussitôt, et qu'il ajoute ce trait charmant : « Il mourut en ce même temps un homme de meilleure maison, mais d'un mérite qui se serait borné aux jambons, s'il fût né d'un père qui en eût vendu : ce fut le comte de Brionne ». — Villars avait sauvé la France à Denain, traité avec les ennemis à Rastadt et à Bade; mais il était petit-fils d'un greffier de Condrieu, et Saint-Simon ne peut comprendre qu'on

l'ait fait son collègue dans la pairie. « Personne,
dit-il, n'a senti plus vivement que moi la honte que
nous avons reçue quand il a été fait duc et pair. J'en
ai été malade de honte et de dépit. »

On sent ici un accent particulier de colère. Saint-
Simon est piqué au vif : il s'agit de la duché-pairie !
il voulait qu'il y eût une hiérarchie dans la nation,
et que la noblesse fût mise à part et au-dessus du
reste ; mais il en veut une aussi dans la noblesse.
« L'égalité qui confond le noble avec le gentilhomme,
et le gentilhomme avec le seigneur », lui paraît de la
dernière injustice, et le défaut de gradation « une
cause prochaine et destructive d'un royaume tout
militaire ». Pour les emplois ordinaires, il demande
que les nobles soient préférés aux roturiers ; mais il
réserve aux grands seigneurs les plus hautes fonctions. Les ducs et pairs lui semblent nés pour gouverner l'État conjointement avec le Roi ; et ce qu'il
y a d'original dans son système, c'est qu'il fait de
cette prétention un droit positif, et qu'il croit pouvoir l'appuyer sur l'histoire et les constitutions mêmes
de la France.

On ne discutait guère à ce moment les questions
théoriques de l'origine et des limites de l'autorité
souveraine. On laissait en repos ces droits des rois
et des peuples qui, au dire de Retz, « ne s'accordent
jamais si bien que dans le silence ». Bossuet et Jurieu
y avaient touché dans leurs violentes polémiques, le
ministre protestant soutenant la souveraineté populaire et l'évêque le pouvoir absolu des rois ; mais la

querelle, vigoureusement menée des deux côtés, était restée dans le domaine de la théologie. Vers la fin du règne de Louis XIV, un incident imprévu la jeta tout d'un coup dans les faits. En 1712, les Anglais étaient décidés à faire la paix, mais ils voulaient être certains que les couronnes de France et d'Espagne ne seraient jamais réunies sur la même tête. Ils exigeaient, pour plus de sûreté, que la renonciation des princes français fût sanctionnée par la nation même et qu'elle se fit garante de leur parole. Mais en France qui représentait la nation? le Roi disait que c'était lui; d'autres attribuaient ce rôle aux États généraux, et les Anglais étaient fort tentés de les croire. Saint-Simon soutint une opinion intermédiaire. Pour lui, le Roi représente bien l'État, mais à la condition d'être entouré de ses pairs, qui sont ses assesseurs et ses conseillers-nés. Seul, il ne possède pas le pouvoir législatif et constitutif en sa plénitude. Quand survient une circonstance grave, dans ce que Saint-Simon appelle les grandes sanctions du royaume, il faut qu'il soit assisté des pairs pour que ses décisions soient valables. Il est même arrivé qu'en l'absence du Roi ils ont tenu sa place; l'histoire montre qu'ils ont résolu de graves questions d'où dépendait le sort de la monarchie : n'est-ce pas eux qui ont confié la régence à Philippe le Long, puis à Philippe de Valois? De là il conclut que les ducs et pairs sont de naissance les collaborateurs du Roi et qu'il convient qu'ils aient part à la puissance souveraine.

Mais pour que le raisonnement de Saint-Simon fût juste, il fallait d'abord établir que les pairs de son temps ressemblaient à ceux d'autrefois. Ils ne pouvaient réclamer les mêmes prérogatives que s'ils occupaient la même situation dans le royaume. Par malheur, bien des choses s'étaient passées depuis quatre ou cinq siècles. Les grands feudataires des Capétiens et des Valois n'existaient plus, et ceux qui leur avaient succédé ne les remplaçaient pas. Les ducs de 1712 étaient des créatures des derniers rois, qui devaient le plus souvent leur fortune à des services obscurs ou même à des complaisances coupables. Il n'y avait rien chez eux qui rappelât les pairs de Charlemagne ou les grands vassaux de Philippe Auguste.

Il faut dire du reste que Saint-Simon, qui remontait au moyen âge pour autoriser ses prétentions, ne voulait pas en réalité qu'on y revînt. Ce défenseur de la noblesse n'était pas un partisan forcené du régime féodal; au contraire, il félicite Richelieu « d'avoir abattu l'autorité des grands qui balançait et obscurcissait celle du Roi et de les avoir réduits à leur juste mesure d'honneur et de distinction ». Que réclamait-il donc pour eux? rien qui ne fût compatible avec la sécurité du royaume, qu'il ne veut pas compromettre, et la puissance du Roi, qu'il n'entend pas diminuer. Louis XIV les avait systématiquement exclus des ministères, pour y appeler des bourgeois dont il se sentait plus complètement le maître. « Il était important, dit-il dans ses *Mémoires*, que le

public connût par le rang de ceux dont je me servais
que je n'étais pas en dessein de partager avec eux
mon autorité, et qu'eux-mêmes sachant ce qu'ils
étaient ne conçussent pas de plus hautes espérances
que celles que je leur voudrais donner. » Saint-
Simon demande que les ministères soient rendus
aux grands seigneurs. Dans les conseils qu'il in-
stitue, et qui héritent du pouvoir des secrétaires
d'État, il leur fait une grande place. Trois de ces
conseils doivent être présidés par un duc et pair; à
propos du plus important de tous, le conseil d'État,
il stipule qu' « il sera composé du Roi et de cinq
membres, dont aucun ne sera de robe, ni de plume,
et n'en aura jamais été ».

Nous voyons percer ici les rancunes de Saint-
Simon : il n'a pas de plus mortels ennemis que les
« gens de robe et de plume ». Ce sont eux en effet
qui ont dépouillé les « gens d'épée », et pris leur
place. Sous le régime nouveau, l'on ne peut arriver
à rien, si l'on n'a d'abord porté le rabat. C'est dans
la robe que sont pris les intendants, c'est-à-dire les
tyrans des provinces, et les ministres, c'est-à-dire
les rois véritables de la France; même les ministères de la guerre et de la marine, qui semblent
réclament des hommes spéciaux, sont aux mains de
gens de robe : voilà ce qui met Saint-Simon hors de
lui. Pour se venger d'eux, il fait leur histoire et rappelle d'où ils sont partis. Il montre, dans les anciens
parlements du royaume, les légistes de saint Louis,
assis sur de petits bancs, juste à la hauteur des

pieds des barons, opinant à genoux, ne parlant qu'à
l'oreille du seigneur, pour le *conseiller*, d'où leur
est venu le nom qu'ils portent. Toutes les fois que
Saint-Simon songe à ce petit banc et à cette humble
attitude — et il y revient sans cesse, — on sent que
sa joie déborde. Mais le temps de ces humiliations
est passé; ils se sont faits peu à peu les maîtres.
Leur petit banc s'est élevé jusqu'à devenir un siège
fleurdelisé, d'où ils regardent les ducs et pairs en
face. C'est peu de les égaler, ces petits bourgeois
les bravent et les insultent. Quand les présidents du
parlement demandent l'avis des princes du sang,
ils se découvrent; lorsqu'ils s'adressent aux ducs et
pairs, ils gardent leur bonnet sur la tête : c'est ce
que Saint-Simon appelle « l'usurpation énorme du
bonnet ». Ah! ce bonnet, que d'amertumes il a jeté
dans la vie de Saint-Simon! sa pensée ne s'en
détache jamais : c'était peut-être une impertinence,
il en fait un crime; il en est obsédé même aux
moments les plus graves, et aucun autre intérêt ne
peut l'en distraire. Dans la fameuse séance du parlement où le testament de Louis XIV fut cassé, pendant qu'on agitait les questions politiques les plus
importantes, un assistant rapporte qu'on entendit
tout à coup « une petite voix » qui interpellait le
Régent. Cette petite voix était celle de Saint-Simon,
qui n'avait pu s'empêcher de se plaindre « de l'usurpation du bonnet », et qui demandait qu'on prît acte
de la protestation des ducs et pairs. L'occasion, il
faut l'avouer, n'était pas bien choisie, et l'on avait

autre chose à faire que de s'occuper des protes-
tations de Saint-Simon; mais lui ne trouvait pas
qu'il y eût rien de plus grave au monde que ce qui
concernait sa naissance et ses privilèges. C'était le
grand intérêt de sa vie; il y avait mis toute son
âme. « Ma passion la plus vive et la plus chère,
dit-il, est celle de ma dignité et de mon rang. Ma
fortune ne va que bien loin après, et je la sacrifierais
et présente et future avec transport de joie pour
quelque rétablissement de ma dignité. »

C'est sur les gens de robe que paraît s'être con-
centrée toute la haine de Saint-Simon; il est visi-
blement plus doux pour le reste du tiers état. Comme
les marchands, les petits bourgeois, se donnent moins
d'importance et se tiennent mieux à leur place, il ne
prend pas la peine de les haïr et se contente de les
mépriser. Il semble même à un moment travailler
pour eux. Il flatte leur chimère, quand il demande
que l'on convoque les États généraux. Ne lui en
faisons pas pourtant trop d'éloges. Il n'avait aucune
pensée, en le faisant, de rendre à la nation une part
dans ses affaires; ce n'était pas une mesure libérale,
mais un simple expédient qu'il proposait au duc
d'Orléans : il cherchait un moyen commode de sortir
d'une situation embarrassante. La France était ruinée; il n'y avait plus rien dans les caisses, et l'on
ne savait où prendre l'argent pour payer, au moins
en partie, les créanciers de l'État. Saint-Simon imagina de se tirer d'affaire en ne les payant pas du
tout : il conseilla hardiment la banqueroute. Comme

la fortune immobilière lui semblait la seule légitime et qu'il n'aimait guère les rentiers, il ne trouvait pas qu'il fût très criminel de leur manquer de parole. Il n'était pas non plus fort sensible à la crainte de compromettre dans l'avenir le crédit de l'État. Ce qui nous semble un danger lui paraissait un avantage : l'État n'ayant plus de crédit, les princes n'auraient plus le moyen de faire des dettes. Ils étaient donc condamnés pour jamais à être sages et rangés. Cependant il ne se dissimulait pas ce que le remède qu'il proposait avait de violent et ce qu'il allait susciter de colères. Aussi, tout en conseillant au Régent la banqueroute, lui demandait-il de ne pas la décréter lui-même. On en chargera les États généraux : ils sont si aimés, si populaires, qu'on ne leur saura pas mauvais gré de cette exécution. Au reste, comme la nation doit en profiter, il est juste que les États généraux en aient l'odieux. Voilà la besogne assez désagréable que Saint-Simon leur réserve, et le principal motif qu'il a de les convoquer.

Il est vrai qu'il faudra les payer de ce service qu'on réclame d'eux. Après les avoir une fois réunis, on ne pourra pas les renvoyer sans leur faire quelques promesses, et il n'est pas douteux qu'ils ne demandent d'être désormais convoqués à époque fixe. Saint-Simon se résigne à cette nécessité; il accepte qu'ils se rassemblent tous les cinq ans, et les charge de surveiller la répartition de l'impôt et l'administration des finances. Il n'est pas de ceux qui en ont peur, qui craignent qu'ils ne troublent l'État et

n'empiètent sur l'autorité royale. La raison qu'il en
donne est un peu enfantine. On ne les redoute, dit-
il, que parce qu'on ne sait pas ce qu'ils sont et qu'ils
l'ignorent eux-mêmes. Le peuple se figure qu'ils
peuvent faire tout ce qu'ils veulent; c'est une grande
erreur : ils n'ont d'autre pouvoir que « de remontrer
humblement et de proposer respectueusement et
recevoir avec soumission et obéissance ce qu'il plaît
au Roi de répondre et de statuer ». Par leur essence
même, ils ne peuvent pas être une assemblée déli-
bérante. C'est « un corps de plaignants et de sup-
pliants », et ce mot qu'il a souvent répété suffit pour
le rassurer tout à fait. Qu'a-t-on à craindre de gens
qui n'ont le droit que de se plaindre et de supplier?
Il pense donc qu'on peut les réunir sans inquiétude.
On profitera de la popularité dont ils jouissent auprès
d'une multitude ignorante; on les amusera de quelques semblants de délibération; on les accablera
d'honneurs et de compliments, puis doucement on
les renverra chez eux, quand on en aura tiré ce qu'on
voulait. — A merveille; mais s'ils ne veulent pas
partir? S'ils ne se contentent pas de se plaindre et
de supplier, quoiqu'on leur répète qu'ils ne doivent
pas faire autre chose? S'ils se permettent de s'occuper des affaires dont on ne les a pas saisis? Si
cette popularité dont le Régent veut se servir pour
lui, ils prétendent en user pour eux-mêmes, dans
leur intérêt propre et celui de tous? Si, intervenant
sans qu'on le leur demande entre les parlementaires
et les ducs et pairs qui se disputent, ils leur disent :

« Vous n'êtes, les uns et les autres, que des créatures du pouvoir royal; vous n'avez aucun droit à vous mêler des affaires du pays; personne ne vous en a donné le mandat. Seuls nous représentons la nation et nous pouvons parler pour elle »; qu'arrivera-t-il? Nous le savons bien, nous qui connaissons les événements de 89, et qui avons vu avec quelle rapidité les parlements et la noblesse s'évanouirent devant la nation rassemblée; mais on l'ignorait alors. Aussi l'idée n'est-elle pas venue à Saint-Simon qu'il y eût rien de sérieux à craindre des États généraux. Il n'a songé à prendre contre eux que des précautions puériles. Il les traite comme des enfants dont on s'amuse, qu'on tient à la lisière, qu'on excite et qu'on arrête par des artifices grossiers. Il ne s'est jamais rendu compte de ce que pouvait être l'explosion des violences populaires. Il n'a vécu qu'à la cour, parmi des grands seigneurs comme lui, ou dans ses terres, à côté de paysans prosternés; il n'a vu que de loin, il a mal connu cette bourgeoisie des villes, qui devenait tous les jours plus riche, plus éclairée, plus importante, et à qui il ne manquait que de se trouver réunie dans une assemblée commune pour avoir le sentiment de sa force.

Il pouvait donc se faire que les mesures conseillées par Saint-Simon eussent des conséquences qu'il n'avait pas aperçues; il est sûr qu'elles ne pouvaient pas produire les bons résultats sur lesquels il comptait. Il voit nettement les maux qu'il faut guérir,

il les dépeint avec une grande force, mais il ne leur
applique que des remèdes insuffisants. Est-il vrai,
par exemple, que l'autorité royale soit aussi gênée
qu'il le croit par les réformes qu'il propose? Les
ducs et pairs deviendront pour le Roi des conseillers
nécessaires; mais s'il doit demander leur avis, il ne
lui est pas enjoint de le suivre. Les États généraux
seront réunis tous les cinq ans, mais seulement
« pour se plaindre et supplier », et l'on fera le cas
qu'on voudra de leurs prières. Le Roi sera tenu de
prendre ses ministres parmi les plus grands seigneurs; mais il reste libre de choisir ceux qu'il lui
plaît et de les remercier quand ils ne lui conviennent
plus. En somme, il ne perd aucune de ses prérogatives essentielles, et c'est bien ainsi que l'entend
Saint-Simon. La liberté anglaise commençait à
trouver des partisans en France; le Régent lui-
même disait quelquefois qu'elle avait du bon. Ce
n'est pas l'avis de Saint-Simon, et il félicite la
France d'y avoir échappé. On voit que son système, qui semblait d'abord devoir tout bouleverser,
laissait à peu près tout en place.

Ce qu'il y a de plus fâcheux, c'est que, sans obtenir
aucun résultat important, il trouve moyen, par ses
réformes, de mettre tout le monde contre lui. Le Roi,
qu'il ennuie plus qu'il ne le gêne véritablement, ne
sera pas content. La nation, à laquelle il n'offre que
des satisfactions insuffisantes, lui saura peu de gré
de ces États généraux de parade qui ne pourront
pas faire le bien qu'on attend d'eux. Les gens de

robe, les seuls qu'il ait sérieusement maltraités,
seront furieux; et pourtant il les attaque plus dans
leur vanité que dans leurs privilèges véritables. Il
semble que la noblesse au moins devrait lui être
reconnaissante : on a vu qu'il fait profession de
défendre partout ses intérêts. Mais il a le tort de
faire aux ducs et pairs une place au-dessus d'elle;
c'est une humiliation qu'elle ne lui pardonnera pas.
Quant aux ducs eux-mêmes, ils ne tiennent que
médiocrement à la grande situation que Saint-Simon
veut leur donner. Ils sont pour la plupart trop igno-
rants, trop légers, trop occupés de leurs plaisirs,
trop noyés dans les futilités du monde, pour avoir
l'ambition de gouverner leur pays. La noblesse
française a toujours manqué de sens politique;
Saint-Simon le savait bien : « elle n'est bonne, disait-
il, qu'à se faire tuer ». Il se trouvait donc en somme
travailler pour une soixantaine de personnes dont la
plupart ne lui en savaient aucun gré. Comment ses
réformes auraient-elles pu réussir? Toutes les fois
qu'il essayait d'en proposer une, il était sûr de
trouver partout des ennemis et de n'avoir pas de
défenseurs.

CHAPITRE V

SAINT-SIMON AUX AFFAIRES

La mort de Louis XIV (2 sept. 1715) changea la situation de Saint-Simon : il allait enfin « être de quelque chose ». Nous avons dit qu'il le souhaitait et qu'il s'y était préparé de longue main. Il dut voir arriver ce moment avec d'autant plus de plaisir qu'il avait éprouvé jusque-là beaucoup de mécomptes. « Les eaux, ainsi qu'à Tantale, s'étaient plusieurs fois retirées du bord de ses lèvres, quand il croyait y toucher. » Mais tout pouvait se réparer. Il avait juste quarante ans, ce qui pour un homme d'État est encore la jeunesse; il lui restait assez de temps devant lui pour se dédommager d'une attente qui sans doute lui avait paru très longue.

Mais ici encore ses espérances devaient être trompées. Pendant les sept ans qu'il fut mêlé aux affaires, il n'eut qu'un rôle effacé et ne put réaliser aucun des projets qu'il avait si longuement mûris. Aussi quitta-t-il la cour, quand il lui fallut s'en éloigner, avec la conviction que, dans un gouvernement comme celui de la France, où tant de gens profitent des abus, on ne peut pas songer à les détruire et que tout bien y est impossible à faire. « Cette affligeante vérité, disait-il, devient infiniment consolante pour ceux qui sentent et qui pensent et qui n'ont plus à se mêler de rien. »

La désillusion commença pour lui de bonne heure : dès le premier jour, il dut voir ce que l'avenir lui réservait. Il avait conseillé au duc d'Orléans de se proclamer régent lui-même avec l'assentiment des ducs et pairs et des grands officiers de la couronne, sauf à faire ratifier son pouvoir par les États généraux, ce qui était une confirmation solennelle de son système ; mais le duc, qui avait paru bien accueillir le conseil, y renonça quand le moment fut venu, et trouva plus simple et plus pratique de porter l'affaire devant le parlement. C'était se mettre dans les mains de ces fiers bourgeois qu'exécrait Saint-Simon, et accroître leur arrogance en leur reconnaissant des attributions politiques. Il est vrai qu'en même temps le Régent, qui sentait bien qu'il fallait, pour contenter l'attente du public, faire quelque chose de nouveau, annonça l'institution des conseils de gouvernement. C'était un des projets de Saint-Simon et de Chevreuse, adopté par le Dauphin, et qui s'était trouvé, après sa mort, dans sa cassette. Saint-Simon entra dans le conseil de régence, le plus important de tous, celui auquel venaient aboutir toutes les affaires ; et, grâce à l'amitié qui l'unissait au duc d'Orléans , il espérait bien y tenir la première place.

Mais ce fut précisément la raison qui l'empêcha d'y prendre l'influence sur laquelle il comptait. Le duc d'Orléans, qui était lié avec lui depuis l'enfance, avait eu le temps de le bien connaître. Ce n'était pas une de ces natures qui se dérobent et qui trompent. La violence de ses passions ne lui permettait pas de les contenir; il se livrait entièrement à ceux qui vivaient avec lui. Aussi devait-on voir aisément, quand on l'avait quelque temps fréquenté, qu'il était le contraire d'un homme d'État. Il avait le défaut d'être à la fois trop décidé et trop indécis; et, ce qui est particulièrement fâcheux pour un politique, il était d'ordinaire résolu et entêté pour les petites choses et il hésitait dans les plus graves. L'art du politique consiste à savoir faire des concessions à propos, à céder sur ce qui a moins d'importance pour se rattraper sur le reste. Saint-Simon faisait tout le contraire. On a vu avec quelle âpreté il s'attachait aux plus petites distinctions de l'étiquette : pour une révérence de plus ou de moins, il aurait bouleversé l'État. Cette sorte d'intransigeance, quand il s'agissait de lui et de son rang, avait fini par impatienter Louis XIV, si ami pourtant de l'ordre et de la dignité; à plus forte raison, le Régent, qui s'accommodait si mal « de la solennité majestueuse du feu Roi », devait-il en être vite excédé. Il reprochait un jour à Saint-Simon, à propos de ses réclamations éternelles, d'être « immuable comme Dieu et

d'une suite enragée ». Mais voici le contraste : cet
homme intraitable, qu'il semblait impossible d'en-
tamer lorsqu'il s'était mis quelque chose en tête, en
d'autres circonstances, où il s'agissait d'intérêts
beaucoup plus importants, devenait tout d'un coup
incertain, irrésolu. Il avait bientôt fait de décréter,
d'un trait de plume, dans son cabinet, les réformes
les plus graves. Quand le moment d'agir était venu
et qu'il fallait passer de la conception à l'acte, les
choses s'offraient à lui d'une autre façon. Son imagination lui présentait d'une manière vivante les conséquences des résolutions qu'il fallait prendre, plutôt
les mauvaises que les bonnes, et au moment de se
décider, il reculait. C'est ainsi que la plupart des
mesures qu'il avait le plus souhaitées, quand l'occasion s'est offerte de les accomplir, lui ont semblé
trop dangereuses. Au commencement de la Régence,
il conseillait au duc d'Orléans de convoquer les
États généraux; un an après, quand le Régent
paraissait disposé à le faire, il l'en détourna. Il
détestait le parlement, et condamnait en principe la
vénalité des offices, et lorsqu'il fut question de rem-
bourser aux magistrats le prix de leurs charges avec
des actions du Mississipi, il fit des objections au
projet, qui fut abandonné. Personne ne s'est élevé
avec plus d'éloquence contre la révocation de l'édit
de Nantes : c'est une des plus belles pages de ses
Mémoires et qui nous donne de lui la meilleure
opinion; cependant le duc d'Orléans lui ayant un
jour parlé de rappeler en France les huguenots qui

en étaient sortis, il lui donna toutes les raisons
qu'on pouvait avoir de ne pas le faire, et s'exprima
avec tant de force qu'il n'en fut plus question. Nous
avons dit qu'il aimait le pouvoir et ne s'en cachait
pas; mais il en redoutait les responsabilités. Le
Régent a voulu successivement le faire chef du conseil
des finances, garde des sceaux à la place de d'Argenson, gouverneur de Louis XV, quand on prit le
parti de renvoyer le maréchal de Villeroy; il a tout
refusé. Sans doute à chaque fois les bonnes raisons
ne lui ont pas manqué pour le faire; mais les grandes
situations ne vont pas sans de grands périls : il faut
savoir, quand on les souhaite, fermer les yeux, et se
jeter dans le gouffre. Le Régent avait besoin, dans
les circonstances graves qu'on traversait, de serviteurs à la fois plus souples et plus résolus que Saint-
Simon. Il lui continua donc son amitié, mais il ne lui
donna pas sa confiance.

Il y avait du reste quelque mérite à rester l'ami
de Saint-Simon; pour bien vivre avec cet esprit chagrin et emporté, il fallait se résigner à souffrir beaucoup de colères ou de bouderies. Le Régent paraît
les avoir supportées de bonne grâce : tout au plus
s'amusait-il quelquefois à le taquiner. Souvent il lui
laissait croire, pour mettre fin aux entretiens, qu'il
était converti à son opinion, puis il faisait tout le contraire. A la suite d'une longue conversation où Saint-
Simon avait attaqué Dubois avec la dernière violence, il lui dit, d'un ton qui semblait tout à fait
sincère : « Eh bien! il faut chasser ce coquin! » et

quelque temps après, il le nommait premier ministre.
On ne le consultait sérieusement que pour certaines
entreprises où l'on savait d'avance qu'il se mettrait
tout entier, par exemple le lit de justice contre le
parlement et les légitimés; pour les autres, le Régent
l'écoutait avec patience, subissait ses algarades, et
ne changeait rien à ses résolutions. Du reste il ne se
faisait lui-même aucune illusion sur son crédit : « Je
suis celui de tous, écrivait-il un jour au duc de Ber-
wick, qui ferai le moins d'impression sur Son Altesse
Royale ».

Il était pourtant resté du conseil de régence, qui
était censé mener toutes les affaires; mais en réalité
les affaires ne se faisaient plus dans le conseil. On
lui avait ôté toute son importance. Primitivement il
ne se composait, en dehors des princes du sang, que
de dix membres qui eussent le droit de voter, mais
le nombre en fut augmenté peu à peu, le Régent y
laissant entrer tous ceux qui le demandaient, si bien
qu'il finit par s'y trouver seize votants. Saint-Simon
en était fort irrité, et il se permit à ce propos une
plaisanterie, qui courut tout Paris, et qu'il faut rapporter, parce qu'elle montre à quel point il avait la
liberté de dire ce qui lui passait par la tête : « Une
fois que le Roi y vint, un petit chat qu'il avait le
suivit, et quelque temps après sauta sur lui et de là
sur la table, où il se mit à se promener; et aussitôt
le duc de Noailles à crier, parce qu'il craignait les
chats. Le duc d'Orléans se mit en peine pour l'ôter,
et moi à sourire et à lui dire : « Eh! monsieur, laissez

« ce petit chat, il fera le dix-septième. » A ce moment, les conseils n'avaient plus de raison d'exister, et ils ne tardèrent pas à disparaître. Cette réforme, dont on avait d'abord tant espéré, échoua comme les autres.

C'est pourtant vers cette époque que Saint-Simon eut la chance d'obtenir la plus haute situation qu'il ait occupée. En 1721, un matin du mois de juin, le Régent lui annonça, sous le plus grand secret, le traité qu'on venait de conclure avec l'Espagne et le double mariage du Roi avec l'infante et de Mlle de Chartres avec le prince des Asturies. L'affaire avait été menée très rondement, et rien n'en avait transpiré. Cette nouvelle lui causa autant de plaisir que de surprise; malgré sa haine pour Dubois, il reconnaît sans hésiter que le cardinal avait fait un coup de maître. Dans le conseil Saint-Simon défendait toujours l'alliance espagnole, tandis que le Régent, comme l'ont fait tous les princes d'Orléans dans la suite, penchait plutôt vers l'Angleterre. Heureux de voir triompher la politique qu'il soutenait, il eut aussitôt la pensée de se faire charger de l'ambassade qui devait demander au Roi d'Espagne la main de sa fille. Ce n'était pas seulement une satisfaction qu'il cherchait pour sa vanité; comme il devait se faire un grand échange de faveurs à l'occasion de l'alliance des deux couronnes, il espérait obtenir la Toison d'or pour son fils aîné et la grandesse pour le second.

L'ambassade de Saint-Simon se passa toute en pompeuses cérémonies dont il s'est gardé d'omettre

aucun détail. Sur les routes il fut magnifiquement
traité : on lui faisait de belles harangues, on lui donnait des festins, dont il n'a pas toujours conservé un
bon souvenir. Par exemple à Pampelune, où le gouverneur s'était mis en frais pour le recevoir, « la
chère fut grande, à l'espagnole, mauvaise. Il nous fit
fête d'un plat merveilleux : c'était un grand bassin
plein de tripes de morue fricassées à l'huile. Cela
ne valait rien, et l'huile méchante. J'en mangeai, par
civilité, tant que je pus. » A la cour, il assista à de
grandes chasses, à de brillantes fêtes. Le Roi voulut
qu'il prît part au bal des fiançailles, et il raconte au
Régent qu'il a dansé des menuets « avec trois cents
livres de dorures sur le corps ». Quant aux questions politiques, elles étaient toutes résolues d'avance.
Il n'eut à faire de diplomatie que pour des querelles
de préséance, ce qui était tout à fait à son gré. On
avait mis dans ses instructions qu'il devait s'efforcer
de précéder le nonce du pape et le majordome-
major. C'était contraire aux usages de la cour d'Espagne, et il fut contraint, pour réussir, d'employer
un subterfuge très singulier. Le jour où le mariage
fut signé, il s'arrangea pour arriver avant eux à la
cérémonie, et prit résolument, tout contre le siège
du Roi, le rang qu'ils avaient coutume d'occuper.
Naturellement ils voulurent l'en déloger; mais à
chaque interpellation qu'ils lui adressaient, il fei-
gnait de ne pas comprendre et répondait par une
révérence. Il sut si bien prendre l'air ingénu et naïf,
que les autres, le regardant comme une sorte de niais,

dont on ne pouvait rien tirer, finirent par lui céder
la place. C'était une grande victoire dont il dut sans
doute aviser son gouvernement, et qu'il raconte avec
complaisance dans ses *Mémoires*.

Pendant ces fêtes, qui lui semblaient quelquefois
un peu fatigantes, il avait, selon son habitude, l'œil
très ouvert; il observait les types curieux qu'il ren-
contrait au passage, ce qui lui a permis d'enrichir
sa galerie de portraits de quelques figures originales. — C'est le duc d'Albuquerque, « un petit
homme trapu, mal bâti, avec des cheveux verts et
gras qui lui battaient les épaules, de gros pieds
plats et des bas gris de porteur de chaise »; c'est
le duc de Veragua, un descendant de Christophe
Colomb, très fier de sa naissance et qui avait très
grand air, mais du reste si négligé dans sa mise
qu'on l'appelait familièrement et sans le fâcher *dom
Puerco*; c'est le marquis de Santa Cruz, un original,
accusé tour à tour devant les tribunaux d'impuissance et d'adultère, et qui fut les deux fois con-
damné : « d'où l'on peut voir qu'il n'était pas heureux en procès »; c'est le cardinal Borgia, qui ne
savait pas dire la messe et se fâchait contre ses
aumôniers, qui le soufflaient mal, jusqu'à leur tirer
le surplis; c'est le marquis de Villena, « un sage et
vertueux seigneur », qui, devant Philippe V, donna
des coups de bâton au cardinal Alberoni, ce qui
comble Saint-Simon d'une douce joie. Toute cette
noblesse lui fit un grand accueil; et lui, malgré
quelques ridicules qu'il n'avait garde d'oublier, prit

d'elle une opinion très favorable. Elle avait les qualités qu'il mettait au-dessus de toutes les autres : « elle se sentait fort et savait rendre ». Il la trouva très instruite de ses droits et fort soucieuse de les faire respecter, fière du souvenir de ses pères, grave dans ses rapports, sachant garder son rang, vivre avec dignité, enfin tout à fait différente de « ces insectes de cour », de « ces champignons de fortune », de « ces excréments de la nature humaine », qu'il avait laissés à Versailles.

Son ambassade dura six mois. A son retour en France, il se retrouva comme il était parti, estimé, honoré, mais consulté rarement et plus rarement écouté. Pourtant la mort du cardinal Dubois lui rendit un peu de faveur auprès du Régent; il le vit davantage et il eut plus de part à ses résolutions; mais ce ne devait pas être pour longtemps. Le 2 décembre 1723, trois mois après le cardinal, une attaque d'apoplexie emporta le duc d'Orléans.

La vie politique de Saint-Simon était finie. Quoiqu'il n'eût pas joué un grand rôle, il avait été en vue, depuis la Régence, et trop lié avec le duc d'Orléans pour ne pas inquiéter un peu ses successeurs. On le lui fit sentir; il comprit à demi-mot qu'on souhaitait qu'il s'éloignât, et il quitta définitivement Versailles et la cour.

CHAPITRE VI

DERNIÈRES ANNÉES DE SAINT-SIMON

Saint-Simon s'est un peu moqué de la princesse
des Ursins qui, vieillie et retirée à Rome, après
avoir régné sur l'Espagne, s'attacha au prétendant
d'Angleterre et régenta sa maison, faute de mieux.
« Quelle triste ressource! dit-il; mais enfin c'était
une idée de cour et un petit fumet d'affaires à qui ne
s'en pouvait passer. » Lui, au moins, a su se passer
de la cour et supporter d'être éloigné des affaires.
Mais est-il certain qu'il n'en ait pas éprouvé quelque
regret? Il voudrait bien nous persuader, dans ses
Mémoires, qu'il était prêt au sacrifice, qu'en l'enga-
geant à quitter Versailles on ne fît que devancer ses
désirs, et qu'il considérait comme une délivrance
ce qui semblait au public une disgrâce. Mais il est
permis de croire qu'il n'en fut pas d'abord aussi satisfait qu'il le prétend. Il connut le poids de ces premiers moments d'oisiveté auxquels les hommes d'État
en disponibilité ont tant de peine à se faire. Il l'avoue

lui-même dans une belle page qu'il a mise en tête
de ses *Recherches sur les maisons d'Albret, d'Arma-
gnac et de Châtillon.* « Un grand loisir, dit-il, qui
tout à coup succède à des occupations continuelles
de tous les divers temps de la vie, forme un grand
vide, qui n'est aisé ni à supporter ni à remplir. Dans
cet état, l'ennui irrite et l'application dégoûte; les
amusements, on les dédaigne. » Voilà comme il dut
être dans les premiers temps de sa retraite. Pour
sortir de ce malaise dont il souffrait, il chercha
quelque travail qui pût le distraire, mais il reconnaît
qu'il ne lui fut pas aisé de le trouver. « L'esprit lan-
guissant de vide effleure bien des objets qui se pré-
sentent avant que d'essayer d'accrocher son ennui
sur pas un. » Enfin, « après avoir voltigé quelque
temps sans pouvoir se poser encore », il sentit se
ranimer le goût qu'il avait toujours éprouvé pour
l'histoire de la noblesse française et se mit à étudier
le passé de quelques grandes familles. Cette étude,
dans laquelle il n'avait cherché d'abord qu'une distraction, devint bientôt pour lui un plaisir, puis une
passion et un besoin; elle a occupé, avec la rédaction de ses *Mémoires*, les trente-deux années qu'il
lui restait à vivre.

La fin de sa vie fut triste. Sa famille, dont la grandeur l'avait tant occupé, lui donna peu de satisfactions. Il avait une fille et deux fils; de sa fille, il n'a
dit qu'un mot, dans ses *Mémoires*, et ce mot montre
bien qu'il n'était pas de ces pères qui se font des
illusions sur leurs enfants : « Il y a des personnes

faites de manière qu'elles sont plus heureuses de
demeurer filles avec le revenu de la dot qu'on leur
donnerait. Mme de Saint-Simon et moi avions raison
de croire que la nôtre était de celles-là, et nous voulions en user de la sorte avec elle. » Le duc de
Luynes, renchérissant encore sur le tableau, nous
dit qu' « elle était si contrefaite et si affreuse que ses
parents ne cherchaient qu'à la cacher aux yeux du
monde ». Elle trouva pourtant un mari, et un mari
de très grande maison. C'était au moment où Saint-
Simon revenait de son ambassade triomphante. Le
prince de Chimay, qui était fort mal dans ses affaires,
demanda la fille, pensant que c'était le moyen de
profiter de la faveur du père auprès du Régent. Il
faut rendre cette justice à Saint-Simon qu'il se fit
longtemps prier et ne céda qu'à regret. Le mariage,
du reste, ne fut pas heureux, comme on devait s'y
attendre. Le prince, qui laissa sa femme chez ses
parents, se contenta de venir la visiter de temps en
temps et vraisemblablement d'ébrécher la dot que le
père avait donnée. Quant aux deux fils, ils étaient si
mal bâtis, si malingres, et de si petite taille, qu'on
les appelait « les deux bassets ». L'aîné, à qui Saint-
Simon avait cédé sa dignité ducale en 1722, et qui
se fit appeler le duc de Ruffec, mourut en 1746,
ne laissant qu'une fille. Le cadet, dont on nous dit
qu' « il avait une mine chétive et sinistre », épousa
la fille d'Angervilliers, ministre de la guerre, ce qui
ne laisse pas d'être piquant, quand on se rappelle
de quelle manière Saint-Simon traite ces sortes de

mésalliances chez les autres. Il fut de bonne heure
attaqué d'une maladie terrible, à laquelle il succomba
en 1754, sans laisser de postérité. Quelle triste fin
d'une race pour laquelle Saint-Simon rêvait de si
grandes destinées! Il a donc eu la douleur de sur-
vivre à ses fils et de voir que cette pairie dont il était
si glorieux allait s'éteindre avec lui. De cette douleur il n'y a qu'un mot dans les *Mémoires* mais il
est poignant. En parlant du comte et de la comtesse
de Maurepas, et de l'union parfaite de leur ménage,
il dit : « Je ne puis plus trouver que ce leur soit un
malheur de n'avoir point d'enfants! »

A ces tristesses se joignirent, vers la fin de sa vie,
de grands embarras intérieurs. Sa fortune, comme
celle de la plupart des grands seigneurs de son
temps, était fort délabrée. La mort de sa femme, qui
survint en 1743, augmenta le mal. Le duc de Luynes,
son ami, nous dit que c'était bien l'homme du monde
le moins capable d'entendre les affaires d'intérêt.
Il conduisit les siennes de telle façon qu'il finit
par ne plus payer même ses domestiques. « Je
vous avoue, écrivait-il à son notaire, que je ne puis
plus soutenir leur visage. » Nous avons l'acte par
lequel il abandonne les revenus de tous ses biens,
ne gardant que ses pensions pour vivre, et cet acte
contient la longue énumération de tous ses créanciers. Quelques-uns d'entre eux portent de grands
noms : il s'y trouve, par exemple, un Rohan-Chabot;
mais la plupart sont de très minces personnages,
des tapissiers, des tailleurs, des apothicaires, des

boulangers, des marchands de poisson et de chandelle. Ce duc et pair s'était endetté comme un petit bourgeois à tous les coins de son quartier.

C'est au milieu de ces misères que, pendant ses quinze dernières années, il a définitivement rédigé ses *Mémoires*. Pour nous rendre bien compte des conditions dans lesquelles ils furent écrits, il nous serait très utile de savoir dans le détail ce qu'il faisait et comment il vivait alors. Par malheur, c'est la partie de sa vie qui est le plus obscure pour nous, et tant qu'on n'aura pas retrouvé et publié sa correspondance, nous ne la connaîtrons que fort imparfaitement. Réunissons pourtant les renseignements qu'il nous donne à divers endroits de ses *Mémoires*, et suivons-le autant que nous le pourrons dans les lieux qu'il a fréquentés.

Il nous dit qu'il ne paraissait presque plus à la cour. Il allait à Versailles deux ou trois fois par an, pour les cérémonies de l'ordre du Saint-Esprit, ou à quelques occasions solennelles. Il n'avait plus d'intérêt qui l'y appelât et qui l'y retînt. Il parle très peu de Louis XV, si ce n'est pour faire entendre qu'il s'était aperçu de très bonne heure de son insensibilité et de sa parfaite indifférence pour tout le monde. Il était impossible qu'il n'eût pas vu combien la reine était insignifiante et sotte. Il la trouvait du reste de petite maison, et il a grand'peine à s'empêcher de plaisanter, quand il est question de Stanislas, son père. « Du roi de Pologne, dit-il, devenu le beau-père du Roi, il n'y a qu'à admirer, et à se mettre non pas un doigt, mais tous les doigts sur la bouche, et la main entière. » Quant à Fleury, de tout temps il avait familièrement vécu avec lui. Il avait vu ses débuts obscurs dans le monde, quand il cherchait à se faire bien accueillir par ses complaisances, « et suppléait aux sonnettes, avant qu'on en eût l'invention ». Devenu cardinal, « et plutôt roi absolu que premier ministre », Fleury l'accueillait bien, à la condition de ne pas le voir trop souvent, et, comme il causait volontiers, surtout avec les gens qui avaient connu l'ancienne cour, il le gardait longtemps et l'entretenait même des affaires publiques. Il faut avouer que Saint-Simon l'a fort mal payé de sa bienveillance. Dans ses *Mémoires*, il le traite avec la dernière dureté; il plaisante sur sa fatuité et sa sottise, le rend responsable des malheurs publics, et, rappelant que Louis XIV s'était imposé la loi de ne jamais donner de place à un évêque dans ses conseils, il ajoute que « la France pleurera longtemps avec des larmes de sang » la faute qu'on a faite de renoncer à cette sage maxime.

En dehors de ces courtes excursions qu'il faisait à Versailles, où il saluait le Roi et visitait le cardinal, la vie de Saint-Simon se partageait entre sa maison de campagne de la Ferté et son hôtel de Paris.

La terre de la Ferté-Vidame, dans le Perche, entre Chartres et Dreux, lui venait de son père, qui l'avait achetée sur le conseil de Louis XIII, et l'avait payée quatre cent mille livres, somme très considérable pour l'époque. Il nous dit que « c'était sa seule terre bâtie ». Le château qu'il habitait n'existe plus, mais nous avons des vues qui le représentent. Il était entouré de fossés, flanqué de donjons et de tours, et avait conservé, à côté d'élégances plus modernes, des airs de vieille forteresse, qui ne devaient pas déplaire à Saint-Simon. Il y avait rassemblé les souvenirs qui intéressaient sa famille. Le duc de Luynes nous apprend, comme une particularité curieuse, que chacune des pièces du château contenait un portrait de Louis XIII. Dans la salle principale, un grand tableau de Coypel représentait le Roi après l'affaire du pas de Suze : il était à cheval, dédaigneux, impassible, tandis que le duc de Savoie lui embrassait humblement les genoux. C'était une malice de Saint-Simon : impatienté du bruit que faisaient les courtisans autour de la visite du doge de Gênes à Versailles et de son humiliation aux pieds de Louis XIV, il avait voulu rappeler que Louis XIII avait eu d'aussi glorieux triomphes. C'est la même pensée qui lui a dicté son *Parallèle des trois premiers rois bourbons*, qui est son dernier ouvrage, et peut-être le mieux écrit de tous; il y compare longuement Louis XIII à son père et à son fils et le met au-dessus d'eux, ce qui fait plus d'honneur à sa reconnaissance qu'à son jugement.

Si le château de Saint-Simon a disparu, il reste le parc et la forêt, qui n'ont pas beaucoup changé, et auxquels une main intelligente conserve leur ancien caractère. Saint-Simon s'y plaisait beaucoup. Du

temps qu'il était forcé de vivre à Versailles, il y
venait par intervalles et le plus possible « s'y reposer
et réfléchir ». Il y passa six mois de l'année, dès
qu'il fut libre. Ce qui le charmait à la Ferté, ce
n'étaient pas, à ce qu'il semble, les agréments du
site. Le pays, peu accidenté, a pourtant de grands
arbres et de belles eaux, des perspectives ménagées
avec goût, de vastes étangs bien encadrés, et qui
éclatent de lumière au soleil couchant. Mais Saint-
Simon ne paraît pas très touché des beautés de la
nature : dans les vingt volumes de ses *Mémoires*, où
l'on rencontre tant de choses, je ne crois pas qu'on
puisse découvrir une seule description pittoresque.
Il allait chercher à la Ferté la tranquillité d'esprit
qui ne se trouvait ni à Paris, ni à Versailles. « C'est
un lieu, dit-il, d'entière solitude et de parfaite
liberté. » Il y vient prendre des forces pour assister
sans trop de colère aux spectacles qui l'irritent, et
se résigner au succès des gens qu'il ne peut souffrir. Le domaine a cet avantage d'être fait pour
le maître et de répondre à ses goûts. Encore
aujourd'hui ce parc qu'enferment 14 kilomètres de
murailles, ces allées droites de 4 kilomètres de
long, ces étoiles d'où partent des routes interminables dans toutes les directions de la forêt, ont
quelque chose de majestueux, de régulier, de sévère
et de grand, dont nous sommes saisis, et que Saint-
Simon devait apprécier encore plus que nous. Ajoutons qu'il s'y sentait tout à fait chez lui. C'était une
de ces terres où, selon son expression, « un reste

de seigneurie palpitait encore ». Outre sa vaste
étendue, elle était entourée de plus de cent fiefs
qui en relevaient immédiatement et de vingt-trois
paroisses sur lesquelles elle avait haute, moyenne
et basse justice. Celui qui la possédait pouvait se
croire un de ces seigneurs d'autrefois, dont rien
n'avait encore amoindri les prérogatives. Voilà ce
qui rendait si cher à Saint-Simon le séjour de la
Ferté; voilà aussi pourquoi c'est le lieu qui conserve le mieux sa mémoire et dans lequel il nous
semble que nous vivons le plus familièrement avec
lui.

A Paris, il nous échappe davantage : Paris est
trop changeant; les traces du passé s'y effacent trop
vite. Je ne sais s'il reste rien des divers domiciles
occupés par Saint-Simon dans le faubourg Saint-
Germain. Le seul souvenir qu'on ait gardé de cet
hôtel de la rue Saint-Dominique, où il a passé ses
dernières années, est un inventaire détaillé qui fut
dressé après sa mort, dans l'intérêt de ses créanciers. Il nous permet de parcourir les pièces dont
l'appartement se composait, de visiter tour à tour
les chambres à coucher, le cabinet de travail, la
bibliothèque, « la salle du Daiz », la salle de compagnie. L'ameublement en est plus sévère que somp-
tueux; les murs sont ornés de tapisseries à grands
et petits personnages et couverts d'une profusion de
tableaux. Quelques-uns de ces tableaux sont des
œuvres de maîtres illustres : l'auteur de l'inventaire, qui s'est fait aider « du sieur Gabriel Cornu,

professeur de l'Académie de Saint-Luc », les attribue au Bassan, au Guerchin, au Guide, et même à Léonard de Vinci. D'autres sont des portraits de famille, de reconnaissance ou d'intime amitié : l'inévitable Louis XIII, le maréchal et la maréchale de Lorges, la duchesse de Saint-Simon sous toutes les formes, le duc d'Orléans, le chancelier de Pontchartrain, l'abbé de Rancé, les maréchaux de Boufflers et de Choiseul, d'autres enfin qui l'avaient aidé et défendu dans les traverses de sa vie. Depuis qu'il ne fréquentait plus le monde, ces amis d'autrefois étaient devenus sa compagnie ordinaire et il s'y était plus tendrement attaché que jamais. Il voulait, après lui, les préserver de tout outrage, et, comme il savait le sort que les jeunes générations réservent trop souvent aux vieux portraits, il priait, dans son testament, la comtesse de Valentinois, sa petite-fille, « de faire tendre ceux-ci, et de ne pas les laisser dans un garde-meuble ». La grande galerie de l'hôtel avait été transformée en bibliothèque ; elle était meublée d'une table en bois de merisier, de sept fauteuils de damas cramoisi, ornés de franges d'or, avec des rideaux de damas aux cinq fenêtres. Elle contenait six mille volumes, livres de piété, de géographie, surtout d'histoire, tous choisis et triés, faits pour l'usage et que leur possesseur avait pratiqués. C'est là que Saint-Simon se tenait le plus volontiers. Les contemporains nous disent qu'il y passait toutes ses journées, lisant, écrivant sans relâche, et avec une ardeur de jeune homme.

Si l'on avait demandé à ceux qui le connaissaient
le mieux ce qu'il pouvait bien écrire pendant ces
longues heures de travail solitaire, j'imagine qu'ils
auraient levé les épaules et souri doucement. On
le regardait comme un homme fort instruit, mais
occupé de vétilles, une sorte de maniaque qui perdait son temps à éplucher les vieilles généalogies.
Sur les questions de rang et de préséance, il passait
pour un oracle, et, même à la cour, on le consultait
dans les cas embarrassants. On supposait donc, en
le plaignant un peu, qu'il ne se donnait tant de mal
que pour continuer le Père Anselme ou corriger
Moréri, et personne ne se doutait, lorsqu'il mourut
le 2 mars 1755, à l'âge de quatre-vingts ans, qu'il
venait d'achever ce qui devait être un des chefs-
d'œuvre de la langue française.

DEUXIÈME PARTIE

SAINT-SIMON HISTORIEN

CHAPITRE I

SAINT-SIMON ET DANGEAU

Nous connaissons l'homme; nous venons de le suivre pendant toute sa vie : étudions maintenant l'historien.

Saint-Simon raconte qu'il commença ses *Mémoires* en juillet 1694, dans les loisirs du camp de Gau-Böckeleim, où il servait sous le maréchal de Lorges. Il ajoute que « c'est la lecture de ceux de Bassompierre qui l'invita à écrire aussi ce qu'il verrait de son temps ».

Bassompierre, au début du *Journal de sa vie*, regrette de ne pas l'avoir commencé plus tôt. « Il m'eût servi, dit-il, de mémoire artificielle, non seulement des lieux où j'ay passé, lorsque j'ay esté aux voyages, aux ambassades, à la guerre, mais aussi des personnes que j'y ay pratiquées, de mes actions

privées et publiques, et des choses plus notables
que j'y ay vues et ouïes, dont la connaissance me
serait maintenant très utile, et le souvenir doux et
agréable. » La leçon était bonne à recueillir. Pour
s'épargner le regret qu'exprime ici Bassompierre,
Saint-Simon s'y prit de meilleure heure que lui.
Quand il eut l'idée d'écrire ses *Mémoires*, il n'avait
que dix-neuf ans.

Que voulait-il faire à ce moment? Ce qu'avait fait
Bassompierre : « un recueil de tout ce qui avait un
rapport particulier à lui, et aussi un peu, en général
et superficiellement, une espèce de relation des aventures de ces temps ». Son intention était donc d'insister sur ce qui le concernait et qu'il avait vu de
ses yeux et d'être beaucoup plus court sur le reste.
Le travail marcha d'abord assez vite. En 1699, après
cinq ans, il en avait rédigé plusieurs cahiers, lorsqu'aux environs des fêtes de Pâques il fut pris d'un
scrupule de conscience. « Comme il s'était arrêté à
ne ménager personne par aucune considération », il
se demanda s'il était bien charitable de parler des
gens avec tant de liberté. Il eut donc la pensée de
consulter M. de Rancé, l'abbé de la Trappe, dans
lequel il avait la plus entière confiance. Rancé avait
été l'ami intime de son père, pendant qu'il était dans
le monde. Après sa pénitence, il ne cessa pas de le
voir; et, comme la Trappe est située à quelques lieues
de la Ferté, le duc Claude en profita pour visiter son
ami plusieurs fois par an. De bonne heure il y mena
son fils. « Quoique enfant pour ainsi dire encore,

dit Saint-Simon, M. de la Trappe eut pour moi des
charmes qui m'attachèrent à lui, et la sainteté du
lieu m'enchanta. Je désirai toujours d'y retourner,
et je me satisfis toutes les années, et souvent des
huitaines de suite. » Dans une de ces visites, il fit
M. de Rancé juge de ses scrupules, et, pour qu'il
pût décider en connaissance de cause, il lui envoya
le récit du procès de préséance que les ducs et pairs
venaient de soutenir contre le maréchal de Luxembourg, « qui était, disait-il, ce qu'il y avait de plus
âpre et de plus amer dans mes *Mémoires* ». Il y
joignit deux portraits, « pour servir d'échantillon
du reste », ce qui prouve qu'il avait dès ce moment
l'habitude de mêler les portraits aux récits. L'un
des deux était celui de Daguesseau, qui avait pris
la parole dans le procès. On ne sait ce que Rancé
répondit; il est probable qu'il fit des réserves et
donna des conseils. Cependant il ne dut pas décou-
rager tout à fait Saint-Simon, puisqu'il ne renonça
pas à son projet.

A-t-il continué, dans les années qui suivirent, à
noter exactement ce qu'il faisait et ce qu'il voyait
faire? Rien n'empêche de le croire, quoique ses notes
soient perdues. Il laisse entendre qu'il mettait par
écrit ses conversations avec le duc de Beauvillier,
et vraisemblablement celles avec le duc de Bourgogne
et le duc d'Orléans. Au conseil de régence, quand
il s'y passait des choses dignes d'être rapportées, il
les écrivait aussitôt après qu'il en était sorti, « pour
n'en pas perdre une exacte mémoire ». Il est pro-

bable qu'il recueillait aussi les histoires piquantes
qu'il entendait dire, puisqu'il les a rapportées plusieurs fois dans des ouvrages différents, presque
avec les mêmes termes. Nous pouvons donc affirmer,
bien qu'il ne s'en soit rien trouvé dans ses papiers,
qu'il devait posséder des amas de notes, des trésors
de souvenirs entassés, qui ne demandaient qu'à voir
le jour. Mais qu'en voulait-il faire? à quel moment
et de quelle façon comptait-il les donner au public,
ou même songeait-il à les publier jamais? Voulait-il
en former un ouvrage à part, ou les distribuer dans
d'autres ouvrages? C'est ce que nous ignorons tout
à fait. Il est remarquable que, lorsqu'à la mort du
duc d'Orléans il quitta la cour, pendant ces premiers
mois de désœuvrement où il cherchait un sujet
d'études « pour y accrocher son ennui », il n'ait pas
pensé à mettre en ordre ces matériaux tout préparés,
au lieu d'aller choisir l'histoire généalogique des
grandes maisons de France. D'ordinaire, le premier
souci d'un homme d'État disgracié est d'écrire ses
Mémoires. Pendant qu'il raconte ce qu'il a fait lorsqu'il était au pouvoir, il lui semble qu'il y est encore,
et il trouve ainsi moyen, en occupant ses loisirs,
de tromper ses regrets. Si Saint-Simon n'a pas fait
comme les autres, c'est probablement que les notes
qu'il avait prises étaient dans un état très confus. Il
ne savait encore ce qu'il en pourrait tirer, il n'était
pas fixé sur la forme définitive qu'il leur donnerait,
lorsqu'on lui fit lire le *Journal* de Dangeau.

Dangeau est assurément l'un des personnages les

plus curieux de la cour de Louis XIV, celui qui
montre le mieux comment, avec des talents médiocres et des services sans éclat, l'esprit du monde, la
complaisance, le savoir-faire et un peu de chance
heureuse pouvaient conduire un homme à tout.
C'est le jeu qui le fit connaître. Il y était fort habile,
et il y fut toujours très heureux, sans qu'on l'ait
jamais soupçonné d'aucune indélicatesse, ce qui
n'était pas commun alors. Le jeu l'introduisit auprès
du Roi et de ses maîtresses. Il eut l'art de s'y rendre
bientôt indispensable; et, comme il était doux, obligeant, très sûr dans le commerce, fort occupé à ne
blesser personne et à se faire partout des amis, tout
le monde s'employa à sa fortune. Il plaisait par ses
mérites et par ses défauts; il avait des qualités qu'on
appréciait beaucoup, et quelques ridicules, dont on
se moquait sans qu'il se fâchât : c'est une ressource,
pour une société ennuyée et qui cherche à se distraire, d'avoir quelqu'un sous la main qu'on puisse
plaisanter sans danger. Il était donc de toutes les
fêtes et l'on ne s'amusait pas sans lui. Mais il lui
fallait une situation plus sérieuse et plus solide :
avec l'argent qu'il avait gagné au jeu, il acheta des
charges de cour, et finit par devenir chevalier d'honneur de la Dauphine, ce qui le rendait l'égal des
plus grands personnages.

Dangeau avait quelque littérature : il faisait de
très mauvais vers, mais il les faisait vite, et il en
avait toujours pour ceux qui les lui demandaient; le
Roi a mis plus d'une fois son talent à l'épreuve. Il

fut de l'Académie française, très fier d'en être, fort
bon confrère, disposé à trouver que tous les acadé-
miciens ont du génie et que tous les discours de
réception sont des chefs-d'œuvre. Il aimait beaucoup
à écrire. C'est ce qui lui donna la pensée, quand il
se vit solidement établi à la cour, bien placé pour
tout voir et tout connaître, de tenir un journal où il
noterait tous les soirs ce qu'il avait appris d'inté-
ressant; et une fois ce journal commencé, il le poursuivit pendant trente-six ans, de 1684 à 1720. Dans
ce long espace de temps, presque une vie d'homme,
il ne l'a interrompu qu'une fois, au mois de sep-
tembre 1709, après la bataille de Malplaquet, où
son fils, l'aimable et brave Courcillon, eut la jambe
emportée et faillit périr. Le père l'alla soigner à la
frontière, et tant qu'il fut en danger n'eut pas le
cœur d'écrire. Les autres disgrâces dont sa famille
fut atteinte le laissèrent plus indifférent. Le 14 sep-
tembre 1693, il nous dit : « J'apprends la funeste
nouvelle que le duc de Montfort, mon gendre, avait
été tué »; et il continue. Quand il s'absentait pour
aller dans une de ses terres, il chargeait un de ses
secrétaires — Voltaire dit un de ses domestiques —
de rédiger le journal à sa place. Il ne s'arrêta d'écrire
que quelques jours avant de mourir.

Le grand mérite de Dangeau, c'est la sûreté de
ses informations. Il a mis dans son *Journal* les qualités d'ordre et d'exactitude qui ont fait sa fortune.
Il y rapporte les faits comme on les lui a dits, sans
y rien changer. Dans les questions de chiffres sur-

tout, il est d'une précision remarquable. Il sait le
prix dont chaque charge a été payée, et ce qu'elle
rapporte. Il ne manque pas de nous dire le mon-
tant des pensions qu'accorde le Roi, le revenu des
évêchés et des abbayes ; nous reconnaissons là le beau
joueur si agréablement dépeint par Mme de Sévigné,
qui calculait si sûrement et si vite, et tenait si bien
ses comptes. Voilà le beau côté des *Mémoires* de
Dangeau, mais ne leur demandez pas autre chose.
C'est une gazette, où les faits sont rapportés sèche-
ment, sans aucune appréciation personnelle, sans
un mot sur leurs causes et leurs conséquences. On
est d'abord tenté de plaindre Dangeau de la contrainte qu'il a dû s'imposer pour ne jamais dire ce
qu'il pense ; mais on s'aperçoit bientôt qu'il ne pensait rien : ce qui lui rendait le silence facile. Son
procédé est très simple : lorsqu'il s'agit du Roi, de
Mme de Maintenon et des ministres, il les loue toujours ; quant aux autres, il ne les blâme jamais. Il
faut lire entre les lignes pour saisir, dans ces dix-
sept volumes, quelques pauvres petites phrases où
échappe par hasard l'opinion de l'auteur ; et encore,
comme elle est pâle et discrète! En racontant les
derniers jours du roi Jacques II, à Saint-Germain,
il fait remarquer qu'il a conservé sa tête jusqu'à la
fin, et qu' « il semble même qu'il parle avec plus
d'esprit qu'avant sa maladie », ce qui laisse assez
clairement entendre que, quand le pauvre Roi se
portait bien, il ne disait que des sottises. Il ne faut
pas chercher non plus chez un homme aussi cir-

conspect de ces histoires légères qu'on trouve en
si grande abondance et si finement racontées chez
Saint-Simon ; Dieu sait pourtant si elles défrayaient
les conversations autour de lui ! Je n'en vois qu'une
dont il ait dit un mot et d'un ton bien embarrassé.
« Mme de Waldegrade, fille naturelle du roi d'Angleterre, et qui était à Saint-Germain avec lui, est mise
par son ordre dans un couvent à Paris. On l'accuse
d'être dans un état où une femme veuve ne doit pas
être. Elle ne veut pas dire qui l'a mise en cet état » ;
et quelques jours plus tard : « Mme de Waldegrade
épouse milord Galmoy. Ils s'aimaient depuis longtemps et s'en étaient donné des marques. » Je crois
que c'est la seule histoire scandaleuse qu'il ait rapportée : elle lui aura échappé par mégarde. Ce qui
l'occupe presque uniquement, c'est le Roi ; il ne nous
fait grâce d'aucun incident de ses journées. Ses
chasses à tir et à courre, ses visites à ses bâtiments,
ses promenades à Marly et à Trianon, tiennent plus
de place dans son *Journal* que les grands événements qui troublent l'Europe. Il ne nous laisse rien
ignorer de ce qui intéresse la santé de son maître ;
nous savons même à quel moment il a remplacé le
café qu'il prenait tous les matins par une infusion
de sauge. Tous les mois, pendant trente-deux ans,
il ne manque pas de mentionner la médecine que
le Roi prenait « par pure précaution », et à chaque
fois il fait la remarque qu'elle ne l'empêche pas de
travailler comme à l'ordinaire, ce qui lui paraît
approcher de l'héroïsme et le jette dans la plus pro-

fonde admiration. Il a même soin de noter les degrés qu'on observe dans les effets de cette médecine mensuelle; il nous apprend tantôt qu' « elle a tourmenté le roi toute la journée, et même le lendemain »; tantôt qu' « elle a très bien fait, quoiqu'elle ne fût pas si forte qu'à l'ordinaire » : ce qui prouve qu'il était fort avant dans l'intimité de la maison. Il a tellement pris l'habitude de nous entretenir de ces sortes de remèdes, que, pendant la Régence, quoique la santé du duc d'Orléans lui fût fort indifférente, il cherche à savoir quand il s'est purgé, pour avoir le plaisir de nous l'apprendre. Il lui semblait sans doute que, sans ce détail, il manquerait quelque chose à l'exactitude de son *Journal*. Mais il ne peut plus donner ce renseignement tous les mois, comme auparavant. Le désordre commence à se mettre partout, et l'on s'écarte en toutes choses de la belle régularité du grand Roi.

C'est vers 1730 que le duc de Luynes, petit-fils de Dangeau, et ami de Saint-Simon, lui communiqua le journal de son grand-père. Il est aisé de se figurer, quand on le connaît, les sentiments qu'il dut éprouver en le lisant. Il le trouva « d'une fadeur à faire vomir ». Ces bassesses d'humble courtisan, ce culte du maître et de ce qui l'entoure, « cet encens éternel et suffocant » même à propos des actions les plus indifférentes, l'indignèrent; mais il fut encore plus outré du flegme imperturbable d'un homme qui ne se permet pas un mot de blâme et n'exprime jamais son opinion. Lui, qui avait si fidè-

lement conservé toutes ses rancunes, qui retrouvait
dans son cœur ses colères d'autrefois vivantes
comme au premier jour, comment aurait-il pu comprendre ou souffrir qu'on parlât si froidement de
ce qui le mettait hors de lui! Il finit par n'y plus
tenir; il prit la plume, et jeta ses réflexions sur une
page blanche, en face des récits de Dangeau; mais
avec quel accent et de quel ton différent! Le 30 janvier 1707, Dangeau écrit : « Le comte de Gramont
mourut à Paris la nuit dernière »; rien de plus.
Saint-Simon, qui sent à ce nom ses haines se ranimer, nous trace tout un portrait du personnage,
qui commence ainsi : « Le comte de Gramont était
un vieux sacripant de cour et de monde »; et s'achève
par ces mots : « C'était un homme à qui tout était
permis et qui se permettait tout »; et ainsi des
autres. Dangeau ne peut prononcer un nom, rappeler un fait, sans que Saint-Simon ne l'interrompe;
il le corrige ou le complète, et en passant l'invec-
tive : c'est un dialogue étrange entre les deux personnages les plus opposés, dont l'un ne parle jamais
que d'un ton doux et à demi-voix, l'autre s'emporte
et crie. L'opposition entre eux est complète, même
à propos de choses qui semblent au premier abord
indifférentes. « Le Père Daniel, jésuite, nous dit
Dangeau, a fait depuis peu une histoire de France
en trois gros volumes in-folio. Le Roi, pour récom-
penser son travail, lui donne la qualité d'historio-
graphe de France et mille francs de pension. » Que
pense-t-il de l'ouvrage? Il se garde bien d'en souf-

fler.mot : le Roi l'a récompensé; il doit être bon.
Saint-Simon, lui, l'a trouvé mauvais, et il est en-
chanté de nous le dire. Aux détails précis donnés
par Dangeau, qu'il reproduit fidèlement, suivant son
habitude, il ajoute, ce que Dangeau ne fait jamais,
son appréciation personnelle. Il remarque les agréments extérieurs de l'ouvrage, la beauté de l'impression et des caractères, puis l'élégance du style,
les larges développements aux endroits qui ne sou-
lèvent pas de discussion, le silence dans les passages trop délicats; la franchise parfois, et « tout
le secours que l'esprit peut fournir à une audace qui
se sent appuyée », plus souvent la finesse, l'adresse
à tourner les difficultés, l'art exquis des demi-teintes
et du clair-obscur. Et dans les questions scabreuses,
sur les matières de Rome, puis de la Ligue, « c'est
un plaisir, nous dit-il, de le voir courir sur ces
glaces avec ses patins de jésuite! » Quand le sujet
est plus grave, l'opposition est plus marquée. En
mentionnant la mort de Mme de Maintenon, Dangeau, qui a été son ami pendant toute sa vie, ne
peut s'empêcher de glisser un mot d'éloge : « C'était
une femme d'un si grand mérite, qui avait tant fait
de bien et tant empêché de mal pendant sa faveur,
qu'on n'en saurait rien dire de trop ». Ces quelques
mots, bien mesurés pourtant, mettent Saint-Simon
en fureur, et il écrit à côté : « Voilà bien fadement,
salement et puamment mentir à pleine gorge! »

Cependant, cette première explosion de colère
passée, il était impossible que Saint-Simon ne finît

pas par rendre justice au *Journal* de Dangeau. Il
en voit les qualités et reconnaît qu'après tout « il
représente, avec la plus désirable précision, le
tableau extérieur de la cour, les occupations, les
amusements, le partage de la vie du Roi, le gros de
celle de tout le monde, en sorte que rien ne serait
plus désirable pour l'histoire que d'avoir de semblables *Mémoires* de tous les règnes, s'il était possible, depuis Charles V ». Il y avait une chose surtout qu'il ne pouvait pas se dissimuler : il lui fallait
bien reconnaître, malgré sa mauvaise humeur contre
Dangeau, qu'il avait trouvé beaucoup de plaisir à
le lire. Cette exacte gazette lui remettait devant les
yeux ses meilleures années ; il revoyait les personnes
qu'il avait connues, il assistait aux scènes qui
s'étaient passées devant lui ; il lui semblait enfin
vivre de nouveau toute sa jeunesse. Ne peut-on pas
croire que ce plaisir lui fut aussi une leçon, qu'il
comprit ce que cette forme du journal avait d'at-
trayant pour les lecteurs, et qu'il se résolut à la
choisir pour donner ses souvenirs au public. Du
moment qu'il se décidait à faire à son tour un
journal, celui de Dangeau lui devenait indispensable. « Il servira beaucoup, disait-il, à qui voudra
écrire plus solidement, pour l'exactitude de la chro-
nologie. » Il en fit donc prendre une copie, et,
quand il fut en possession de ce secours précieux,
il commença dès 1740 la rédaction définitive de ses
Mémoires.

Figurons-nous donc Saint-Simon, pendant ces

dernières années, dans sa belle bibliothèque de
Paris, ou dans quelqu'une des vastes salles de son
château de la Ferté. Il a dans le voisinage, sous de
bonnes serrures, toutes les notes qu'il a prises
depuis cinquante ans; il peut à tout moment les
consulter, et quelques-uns de ces matériaux entre-
ront sans trop de modifications dans son ouvrage.
Devant lui, sur sa table de merisier, Dangeau est
ouvert. C'est Dangeau qui va former la trame solide
sur laquelle il brodera ses récits merveilleux. Il le
suit pas à pas, n'omettant aucun des faits qu'il men-
tionne, oubliant ceux qu'il a négligés. Tant qu'il
s'agit d'événements d'importance médiocre ou de
personnages qui lui sont indifférents, il se contente
de transcrire à peu près l'exact chroniqueur. Il lui
arrive même de le copier de la façon la plus visible
et la plus impudente. Mais qu'il vienne à rencontrer
sur son chemin une histoire qui a piqué autrefois sa
curiosité, un nom qui a mérité son admiration ou
soulevé sa haine, aussitôt jaillit de son cerveau la
source des souvenirs. Il n'a plus besoin de collabo-
rateur ni d'aide. Même ses vieilles notes ne lui sont
plus indispensables; sa mémoire à la rigueur lui
suffit; elle lui représente les événements et les
hommes qu'il veut peindre, et il les reproduit
comme il les voit. C'est ainsi que Saint-Simon a
composé ses *Mémoires*.

CHAPITRE II

LES INFORMATIONS DE SAINT-SIMON

Que prétendait-il ajouter au *Journal* de Dangeau ? évidemment ce qu'il reproche à Dangeau d'avoir omis. Il lui en veut d' « être si maigre, si sec, si contraint, si précautionné » ; il trouve qu'il ne nous fait jamais connaître que l'extérieur des événements, sans nous en montrer les causes secrètes, ou, pour parler son langage, qu' « il ne nous donne que des écorces de la plus repoussante aridité ». Il n'en est pas surpris, Dangeau n'ayant pu nous apprendre que ce qu'il savait lui-même. Or, quoiqu'il ne quittât pas la cour et les meilleures compagnies, « il est pourtant vrai qu'il ne fut jamais au fait d'aucune chose ni initié dans quoi que ce soit. Il ne savait rien au delà de ce que tout le monde voyait. » Du reste, cette situation lui suffisait et il n'en souhaitait pas d'autre : « C'était un esprit au-dessous du médiocre, très futile, très incapable en tout genre, prenant volontiers l'ombre pour le corps, qui ne se repaissait que de vent et qui s'en contentait parfaitement ». Saint-Simon, lui, est un autre homme. Au lieu de rester à la surface des choses, il veut y pénétrer tout à fait. Tandis que Dangeau se contente de mentionner ce qui arrive aux personnages importants, les faveurs dont ils sont l'objet, leur mariage, leurs maladies, leur mort, Saint-Simon essaie de nous les faire connaître à fond, dépeint leurs mérites et leurs défauts, et les place vivants devant nous. Il ne lui suffit pas de nous apprendre à quelle fortune ils sont arrivés, il nous dit par quels moyens et avec quels appuis. Il nous montre les partis qui divisent la cour, leurs intrigues et leurs manèges, leurs luttes autour du maître pour se disputer ses bonnes grâces, et non seulement tant qu'elles se livrent au grand jour, mais lorsqu'elles se poursuivent dans l'ombre. Connaître le dessous et la raison des événements, c'est ce qu'il y a de plus difficile dans l'histoire, ce qui échappe le plus aisément à nos prises, ce qui demande le plus de finesse d'esprit et d'étude, mais c'est l'histoire même.

Ici, tout d'abord une objection se présente. Saint-Simon vient de nous dire que Dangeau ne pouvait pas nous apprendre les secrets de la cour parce qu'il ne les connaissait pas. Et lui, comment a-t-il pu les connaître ? Sa situation, au moins en apparence, était moins importante que celle de Dangeau ; il n'approchait pas aussi familièrement le Roi et Mme de Maintenon ; il était moins lié à leur vie intime. Comment donc pouvons-nous croire qu'il ait su ce que l'autre ignorait? Quel droit peut-il avoir à se dire mieux renseigné, et à réclamer pour lui-même l'autorité qu'il lui refuse?

Disons d'abord que, comme il avait plus d'esprit, il a mieux vu, et plus à fond, ce qu'ils voyaient tous les deux, ce que tout le monde pouvait voir. C'était un observateur incomparable; il savait regarder, ce qui n'est pas un mérite aussi commun qu'on le pense. Il n'était pas seulement frappé des figures, mais l'usage du monde lui avait appris à lire sur les traits les secrets de l'âme. L'occasion d'exercer ce talent ne lui manquait pas à Versailles. On y vivait toujours sous les yeux les uns des autres; dans les premiers moments de joie, ou de tristesse, où les plus habiles perdent la possession d'eux-mêmes, on n'avait pas la ressource de se dérober au public, de s'enfermer chez soi pour se donner le temps de composer son visage : il fallait rester exposé à la malignité des curieux; en sorte qu'il était possible, en étudiant la première impression des gens, de démêler leurs sentiments véritables. C'est un spectacle que Saint-Simon se donnait volontiers et il en eut le goût de très bonne heure. Il nous dit qu' « à la mort de Louvois, quoiqu'il n'eût guère que quinze ans, il voulut voir la contenance du Roi à un événement de cette qualité, qu'il alla l'attendre et le suivit pendant toute sa promenade ». Deux ans après, il fut témoin d'une scène que, malgré sa jeunesse, il n'a jamais oubliée. Il s'agissait du mariage du duc de Chartres, celui qui fut plus tard le Régent, avec la fille du Roi

et de Mme de Montespan, Mlle de Blois. Le Roi
désirait avec passion ce grand établissement pour sa
fille; son frère et son neveu étaient incapables de
résistance; mais on pensait que Madame, une Alle-
mande entichée de sa naissance, et qui ne voulait
pas de bâtards dans sa maison, ferait un éclat. Il
avait déjà transpiré quelque chose du mariage, et
Saint-Simon pensa qu'il allait devenir public en
voyant que le duc de Chartres était appelé chez le
Roi. « Comme je jugeai bien, dit-il, que les scènes
seraient fortes, la curiosité me rendit fort attentif et
assidu. » Alors commence un des récits les plus vifs
et les plus agréables qu'il ait écrits. C'est d'abord ce
qu'il n'a pu voir, ce qu'on lui a raconté, l'entretien
du Roi avec le duc de Chartres et Monsieur; puis la
scène publique, ce qui se passe pendant l'*appartement* (nous avons vu qu'on appelait ainsi la réunion
de toute la cour dans les salons de Versailles, depuis
sept heures du soir jusqu'à dix, que le Roi se mettait
à table). Rien ne lui échappe; il a tout vu, tout
observé, Madame surtout, indignée, furieuse contre
son fils et son mari, qui avaient si facilement cédé
aux désirs du Roi. « Elle se promenait dans la galerie,
avec Châteautiers, sa favorite, et digne de l'être; elle
marchait à grands pas, son mouchoir à la main, pleu-
rant sans contrainte, parlant assez haut, gesticulant,
représentant fort bien Cérès après l'enlèvement de
sa fille Proserpine, la cherchant en fureur et la rede-
mandant à Jupiter. » Autour d'elle, de son mari, de
son fils, tout le monde était contraint, silencieux;

une sorte de gêne et d'embarras régnait partout.
Seul notre précoce observateur jouissait du spectacle. « La politique rendit cet *appartement* languis-
sant en apparence, mais en effet vif et curieux. Je le
trouvai court dans sa durée ordinaire. Il finit par le
souper du Roi, duquel je ne voulus rien perdre. »
En effet, il note tout, l'attitude de Monsieur, du duc
de Chartres, du Roi surtout, qui, au milieu de tous
ces personnages émus et gênés, conserve sa sérénité
ordinaire. « Je remarquai que le Roi offrit à Madame
presque de tous les plats qui étaient devant lui, et
qu'elle les refusa presque tous d'un air de brusquerie qui jusqu'au bout ne rebuta pas l'air d'attention
et de politesse du Roi pour elle. » Il remarque aussi
qu'au moment de se retirer « il fit à Madame une
révérence très marquée et très basse, pendant laquelle elle fit une pirouette si juste que le Roi, en
se relevant, ne trouva plus que son dos ». Tout se
termine enfin par l'éclat du lendemain. Pendant que
Madame traversait la galerie pour aller à la messe,
« Monsieur son fils s'approcha d'elle, comme il faisait
tous les jours, pour lui baiser la main. En ce moment
Madame lui appliqua un soufflet si sonore qu'il fut
entendu de quelques pas, et qui, en présence de la
cour, couvrit de confusion le pauvre prince, et combla
les infinis spectateurs, dont j'étais, d'un prodigieux
étonnement. »

Voilà, dès le premier moment, Saint-Simon dans
son rôle véritable. Il n'a jamais éprouvé de besoin
plus vif, et qu'il ait mieux satisfait, que celui d'ob-

server. C'est ce qui le retint à la cour, malgré les mécomptes dont il eut à souffrir : aurait-il pu trouver ailleurs les spectacles auxquels il lui plaisait tant d'assister? Dès qu'une occasion grave se présente qui mettra les ambitions et les vanités aux prises, il arrive et regarde. Lui-même s'est dépeint aux aguets, dans son poste d'observateur, « perçant de ses regards clandestins chaque visage, chaque maintien, chaque mouvement, et y délectant sa curiosité ». Il nous dit que c'est le plus grand plaisir qu'on puisse se donner dans une cour : personne n'en a joui plus souvent et plus pleinement que lui.

Au plaisir de voir se joignait naturellement le besoin d'être informé : le spectacle de la cour n'a tous ses agréments que pour celui qui en sait le secret. On ne comprend bien les luttes qui s'y livrent que si l'on est au courant des intérêts qui sont engagés. Aussi Saint-Simon cultivait-il soigneusement tous ceux qui les connaissaient. Quand il tombait sur quelqu'un qui pouvait le mettre au courant d'événements d'importance, il ne le lâchait pas qu'il n'en eût tiré tout ce qu'il souhaitait. Le marquis de Louville, qui avait accompagné Philippe V en Espagne, et qui jouissait de sa confiance, étant venu remplir une mission auprès du Roi à Fontainebleau, Saint-Simon s'offrit à le ramener dans son carrosse. « Nous allâmes, dit-il, d'une traite à Paris, en relais. Je fus ravi de la promenade, pour m'entretenir avec lui plus à mon aise de choses particulières, et, dans le chemin, je lui fis tant d'autres

questions qu'il arriva sans voix et ne pouvant plus
parler. » Lorsqu'en 1705, la princesse des Ursins fit
à Versailles ce voyage triomphant, où, pour ne laisser
aucun doute de la familiarité de ses rapports avec le
Roi et Mme de Maintenon, elle affecta de se montrer
en leur compagnie avec un petit chien sous le bras,
ce qui causa, dit Dangeau, une grande admiration
aux spectateurs, Saint-Simon, qui la connaissait de
longue date, ne manqua pas de l'aller voir, et le plus
souvent qu'il put. Elle le recevait le matin, après sa
toilette, sans témoins, et il en profitait pour la faire
beaucoup parler. « Je sus par elle, dit-il, beaucoup
de détails d'affaires, et la façon de penser du Roi, et
de Mme de Maintenon surtout, sur beaucoup de
gens. » Il ajoute que ces visites matinales, que sans
doute il avait soin de ne pas laisser ignorer, et la
confiance que lui témoignait « la dictatrice de la
cour », ouvrirent les yeux à tout le monde et lui
attirèrent force civilités de gens qui jusque-là ne
faisaient guère attention à lui. J'ai eu l'occasion de
dire avec quel empressement il cultiva l'amitié des
ministres; s'ils n'ont pas servi à sa fortune, ils ont
pu au moins satisfaire sa curiosité. Aucun d'eux n'a
mis plus de complaisance à·le renseigner que Chamillart. Leur connaissance avait fort mal commencé :
quand la maréchale de Lorges s'était mise en tête de
faire épouser Mlle de Chamillart à son fils, Saint-
Simon n'avait pas pris la peine de cacher sa colère.
Mais, une fois le mariage fait, les bons procédés du
ministre, le soin qu'il avait de se montrer toujours

obligeant et affable, désarmèrent le grand seigneur irrité. Ils finirent par se lier étroitement, et Saint-Simon profita de cette intimité pour connaître beaucoup de secrets politiques. Chamillart poussa même la confiance en lui, après la défaite de Ramillies, jusqu'à lui donner la clef de son bureau et lui laisser lire les dépêches du maréchal de Villeroy qui prouvaient avec la dernière évidence qu'il n'avait pas été forcé de livrer la bataille contre son gré, ainsi qu'il le prétendait, mais qu'il avait cherché de lui-même l'occasion de se faire battre. Ai-je besoin de dire que, quand Chamillart fut remplacé par Voysin, Saint-Simon ne délaissa pas dans la disgrâce celui dont il avait été l'ami dans la prospérité? Il se fit honneur de le recevoir à la Ferté, puis de passer trois semaines avec lui, dans la maison de campagne où il s'était retiré. Mais tout en cherchant à le consoler, il ne perdit pas une si bonne occasion de s'instruire : il le fit causer sur son ministère, et Chamillart, qui n'avait plus rien à ménager, « lui parla, dit-il, à cœur ouvert, du Roi et de Mme de Maintenon, et lui en raconta des choses bien curieuses ». Tant que vécut Louis XIV, il avait eu peu de rapports avec Torcy. Il ne l'aimait pas et fit tous ses efforts auprès du duc d'Orléans pour le faire renvoyer. Heureusement il ne parvint à le convaincre, et dans la suite il fut très heureux de n'y avoir pas réussi. Au conseil de régence, il eut l'occasion de connaître Torcy de près et de l'apprécier. Ils se lièrent ensemble, et plus tard Torcy lui communiqua ses

Mémoires, dont Saint-Simon a beaucoup profité pour l'histoire diplomatique de son temps.

Mais il ne lui suffisait pas de connaître les grands personnages et d'être au courant des grands événements : il voulait descendre jusqu'aux détails en apparence les plus futiles, car il savait que, dans les cours, les grands effets sont souvent produits par de très petites causes. Aussi s'est-il ménagé des intelligences dans ce monde inférieur dont l'importance, pour être moins visible, n'en est pas moins réelle. Ce grand seigneur vaniteux ne néglige pas de cultiver des valets de chambre, Bontems, Du Mont, Duchesne, le premier chirurgien du Roi, Maréchal, Boulduc, son apothicaire. Par quelques complaisances bien placées il sait leur délier la langue et leur fait raconter ces petites choses qui souvent expliquent les grandes. Quant aux aventures galantes, aux intrigues de salon ou d'alcôve, naturellement il s'adressait aux femmes pour les savoir : c'était remonter à la source. Il était fort bien avec les trois filles de Chamillart, la duchesse de Lorges, sa belle-sœur, les duchesses de Mortemart et de la Feuillade, à qui le crédit de leur père donnait accès partout. Par elles il pénétrait jusque dans l'intérieur de la duchesse de Bourgogne. Quand l'aimable princesse à qui son mari, vertueux mais contrefait, et un peu trop dévot pour elle, n'inspirait qu'un grand sentiment d'estime, s'éprit du beau Nangis, la curiosité de Saint-Simon se trouva fort exaltée. Tous les soirs, entre onze heures et minuit, il allait chez les filles de Chamillart, où il apprenait les incidents de la journée. « J'étais donc instruit, dit-il, exactement et pleinement d'une journée à l'autre. Outre que rien ne me divertissait davantage, les suites pouvaient être grandes, et il était important pour l'ambition d'être bien informé. » Il avait d'autres amies par lesquelles il savait tout ce qui se passait chez la duchesse d'Orléans et chez la duchesse de Bourbon ; d'autres l'introduisaient jusque sur le seuil de la chambre de Mme de Maintenon, « ce sanctuaire où il n'entrait que les femmes de la plus étroite privance », et où le Roi tous les soirs, avant son souper, travaillait avec ses ministres. Il s'en faut que toutes ces personnes auxquelles il a recours pour savoir des nouvelles soient irréprochables dans leur conduite ; mais il est disposé à leur être fort indulgent, quand elles le renseignent bien. Il n'en veut pas trop à la maréchale de Rochefort d'avoir été successivement liée avec toutes les maîtresses de Louis XIV, parce qu'elle lui a fait connaître les incidents de ces amours. C'est chez elle que la belle Mme de Soubise attendait Bontems qui la venait prendre pour la mener au Roi : « elle-même me l'a raconté », dit Saint-Simon, et il a été si ravi de l'apprendre qu'il lui pardonne le méchant métier qu'elle a fait. La fille de la maréchale de Rochefort, Mme de Blansac, valait encore moins que sa mère et finit par être renvoyée à Paris avec défense de paraître à la cour. « Elle avait été, dit Saint-Simon, plus que très galante, tant que sa figure lui avait

fait trouver avec qui, fort commode ensuite, et
depuis se ruina pour les plus bas valets. » On voit
qu'il ne la flatte pas ; mais comme elle avait conservé
beaucoup de grandes liaisons dans le monde, que
les trois filles du Roi ne pouvaient se passer de sa
société, qu'elle était au courant de toutes les intrigues
galantes et les racontait à ravir, il nous dit qu'à
Paris « il ne bougeait pas de chez elle ». Il lui semblait sans doute que même dans ces caquets de
femmes, en triant et en élaguant, on pouvait trouver
quelques bons renseignements à prendre.

En somme, Saint-Simon, quoique n'ayant pas tenu
une des premières places à la cour de Louis XIV,
n'a pas manqué de moyens d'être bien informé ; il a
raison de nous le faire remarquer et d'en être fier :
« Je me suis trouvé toujours instruit journellement
de toutes choses par des canaux directs et certains,
et de toutes choses grandes et petites. Ma curiosité,
indépendamment d'autres raisons, y trouvait fort
son compte, et il faut avouer que, personnage ou
nul, ce n'est que de cette sorte de nourriture que
l'on vit dans les cours, sans laquelle on n'y fait que
languir. »

CHAPITRE III

RAISONS DE SE MÉFIER DE SAINT-SIMON

Ce n'est pas tout pour un historien d'avoir été bien informé, il faut qu'il fasse un bon usage de ce qu'on lui apprend, qu'il veuille et qu'il puisse reproduire exactement les renseignements qu'il a reçus, et qu'il ne les dénature pas en nous les communiquant. En est-il ainsi de Saint-Simon? Nous allons être ici fort embarrassés pour répondre.

Il faut pourtant que la question soit vidée. Saint-Simon a, de nos jours, des partisans fanatiques; mais il a aussi de très violents adversaires. Il est rare qu'il laisse les gens indifférents : on le suit en aveugle ou on lui conteste toute autorité. Ses ennemis ont été jusqu'à en faire un imposteur habile, qui arrange les faits à sa fantaisie, qui ment volontairement et de parti pris pour abuser la postérité. C'est aller bien loin. Il a protesté solennellement contre ce reproche, à la fin de son ouvrage, en prenant congé de ses lecteurs. « Il faut, dit-il, que celui qui écrit des *Mémoires* aime la vérité jusqu'à lui sacrifier toutes choses. De ce dernier point j'ose m'en rendre témoignage à moi-même et me persuader qu'aucun de tout ce qui m'a connu n'en disconviendrait. C'est même cet amour de la vérité qui a le plus nui à ma fortune : je l'ai senti souvent, mais j'ai préféré la vérité à tout, et je n'ai pu me ployer à aucun déguisement. » Il serait sans doute un peu naïf de le croire du premier coup sur parole, et d'admettre que « la vérité est l'âme de ses *Mémoires* » uniquement parce qu'il l'affirme. Cependant je trouve dans ses affirmations un accent de sincérité qui me touche. N'oublions pas que c'était un parfait honnête homme, irréprochable dans sa conduite privée ; il avait une hauteur d'âme naturelle et un respect de sa dignité qu'il a poussés quelquefois jusqu'au ridicule, mais qui au moins le préservaient d'une bassesse. Lorsqu'il proteste qu'il a voulu dire la vérité, je ne crois pas que personne ait le droit de refuser de le croire.

Mais il a pu se tromper et nous tromper sans le vouloir ; et il faut bien avouer, quelque goût qu'on ait pour lui, que cet accident lui est souvent arrivé. Sa mémoire est sujette à des défaillances singulières. A tout moment, on le prend en faute sur les choses qu'il devait savoir le mieux, qui intéressaient sa famille et celle de ses amis les plus intimes, comme par exemple quand il paraît oublier l'existence d'un de ses oncles, le propre frère de son père, ou qu'il donne deux garçons au duc de Beauvillier, qui en

avait quatre. Il semble surtout qu'il ait eu toute sa
vie l'horreur des chiffres. Il est rare qu'à propos de
la date des faits, de l'âge des gens, des sommes
d'argent qu'ils ont reçues ou données, il ne com-
mette pas quelques erreurs. Même quand il a les
documents sous les yeux, il les transcrit tout de
travers. Dangeau nous apprend qu'il a donné
250 000 livres au duc de Richelieu pour la charge
de chevalier d'honneur de la Dauphine; Saint-
Simon, qui le copie, double la somme. Ailleurs, en
nous parlant du surintendant Fouquet, il nous dit
qu' « il paya les millions que le cardinal Mazarin
avait pris de trente-quatre ans de captivité à Pigne-
rol »; et il n'y est pas resté vingt ans. Assurément
ces inexactitudes de détail, ces *menuailles*, comme
il les appelle, ne sont pas très graves; elles ne
changent rien à la physionomie du récit et on les
corrige facilement; mais, à force de se reproduire,
elles nous impatientent, elles nous inquiètent, et
finissent par nous mettre en défiance contre lui.

Nous songeons alors qu'il n'a définitivement rédigé
ses *Mémoires* qu'à la fin de sa vie, longtemps après
les faits qu'ils rapportent. A ce moment, ses souvenirs devaient être devenus assez confus et il est
naturel qu'il ait laissé échapper beaucoup de petites
erreurs, comme celles que je viens de relever. Il
devait avoir à la vérité des notes prises à l'époque
même où les événements se passaient sous ses yeux;
mais outre que nous ignorons quels en étaient le
caractère et l'étendue, puisqu'elles sont perdues, ne se

peut-il pas qu'il ait fait pour elles comme pour Dangeau, qu'il altère en le copiant? Il faut donc que celui qui le consulte ait l'œil très ouvert, l'examine de près et le contrôle sans cesse. C'est un travail difficile que M. de Boislisle a courageusement entrepris, dans la grande édition qu'il publie, et qui nous donnera, quand elle sera finie, un Saint-Simon irréprochable, dont on pourra se servir en toute sécurité. Jusque-là il faut bien reconnaître que nous aurons quelque raison de ne pas lui accorder une confiance sans réserve.

Mais ce n'est pas tout; cette rédaction tardive de ses *Mémoires* peut avoir eu d'autres résultats, et bien plus graves, que de lui faire commettre quelques fautes de détail. N'est-il pas possible qu'elle ait altéré la couleur générale de ses jugements et de ses récits? D'ordinaire à soixante-dix ans on ne pense pas comme à quarante. Quand on a fréquenté de plus près les personnes et qu'on a vu se produire les conséquences des événements, il est naturel qu'on ne les apprécie plus de la même manière, et que, comme on se persuade aisément qu'on n'a jamais changé, on transporte au passé ses sentiments du présent. C'est ainsi, nous dit-on, que Saint-Simon a dû dépeindre les hommes et les choses non comme il les avait vus d'abord, mais comme il les voyait dans sa vieillesse. Pour le prouver, on oppose à ses *Mémoires* les quelques lettres que nous avons conservées de lui, et l'on montre qu'il n'y parle pas du même ton, quoiqu'il y parle

des mêmes faits. — Mais quand il en serait toujours
ainsi, qu'en devrions-nous conclure? qu'il ne faut
pas nous laisser tout à fait tromper par cette forme
de journal qu'il a choisie, qu'il n'a pas écrit véritablement au jour le jour et sous l'impression chan-
geante des événements, comme on le croyait, et
qu'il ne nous donne que son opinion dernière et
définitive. — N'est-ce pas ainsi qu'ont fait la plupart
de ceux qui nous ont laissé des *Mémoires*?

Je vais plus loin, et, tout en tenant compte
de ces quelques contradictions qu'on a signalées
entre ses lettres et ses *Mémoires*, j'avoue que je ne
suis pas de ceux qui pensent que, si nous possé-
dions sa correspondance entière, nous aurions un
Saint-Simon très différent. Je ne crois pas qu'il se
soit modifié en vieillissant autant qu'on le suppose.
Au contraire, je suis frappé de voir combien la vie a
eu peu de prise sur lui, et à quel point, du commencement à la fin, il est resté conforme à lui-même.
Il a pu varier sur le mérite de quelques hommes
ou le caractère de quelques faits particuliers; mais
pour les choses essentielles il n'a jamais changé.
Nous en avons une preuve si curieuse que je veux
en dire ici quelques mots.

Au mois d'avril 1712, au moment même où l'on
célébrait à Saint-Denis les funérailles du Dauphin,
Saint-Simon brisé de douleur, mais s'oubliant lui-
même et la perte de ses espérances pour ne songer
qu'au bien public, eut l'idée d'écrire au Roi une
lettre anonyme comme Fénelon avait fait dix-sept ans

auparavant, pour lui dire les vérités qu'il ne voulait pas entendre. Cette lettre, dont il n'a jamais parlé, s'est retrouvée dans ses papiers et a été publiée par M. Faugère. C'est un de ses plus beaux ouvrages, et il y est déjà tout entier. Le tableau qu'il fait au Roi de son royaume est celui même que nous retrouvons partout dans ses *Mémoires* : un clergé « tombé dans une abjection de pédanterie et de crasse »; une noblesse « épuisée par une guerre continuelle, sans espérance d'aucune autre fortune que par les armes, et par conséquent désappliquée de tout autre soin et de toute autre étude, profondément abattue sous le joug des ministres, bientôt après des intendants, enfin des traitants, avilie et confondue avec le plus bas peuple par des mésalliances honteuses, pour avoir du pain, misérable au delà des plus vils paysans, et seulement heureuse si elle possède une charrue qu'elle puisse mener aux champs »; un tiers état ruiné par les impôts; des parlements et des tribunaux qui ont perdu les grands magistrats d'autrefois, sans les remplacer, et « où la discipline, l'étude, la gravité ne sont plus des talents d'usage ». Ici, comme partout, il fait remonter le mal jusqu'au cardinal Mazarin, l'un des hommes qu'il a le plus détestés, et aux ministres habiles dont il se servait, « mais habiles pour eux-mêmes, avant de l'être pour le Roi et pour le royaume ». Ce déplorable système de gouvernement institué par Mazarin, il montre que Louis XIV le continue et l'aggrave; alors, s'en prenant directement au Roi lui-même, sous une forme qu'il essaie de rendre respectueuse, mais où la colère éclate à chaque instant, il lui rappelle les fautes qu'il a commises et dont il reçoit le châtiment. Il insiste sur les scandales de sa vie, qui ont eu de si funestes conséquences; il lui reproche les honneurs dont il a comblé les princes légitimés, la grande situation qu'il leur a faite, qui est une honte et un danger pour le royaume. « L'amour-propre, dit-il, l'amour de père vous a fait regarder vos enfants naturels comme les enfants de votre personne, pour qui vous ne pouviez trop faire; tandis que vous n'avez considéré vos enfants légitimes que comme les enfants de l'État, grands de reste sans vous. » Il lui prouve qu'il s'est mis sous la dépendance de ses ministres, qui l'empêchent de communiquer avec ses sujets, et, sous son nom, se sont faits les maîtres de tout. « En vain croyez-vous, Sire, gouverner par vous-même; vous ne connaissez personne, vous ne pouvez connaître personne, parce que personne ne vous parle, et que vous vous êtes rendu inaccessible, et comme le prisonnier de vos ministres, qui gardent les clés de toutes les avenues par où on vous peut approcher. » Leur unique souci est de conserver ce pouvoir qu'ils se sont arrogé. Comme ils ne veulent pas se créer de leur main des rivaux, ils ont soin d'éloigner du Roi tous les hommes de valeur qui pourraient leur causer quelque inquiétude, ils n'élèvent auprès d'eux que des gens sans naissance et sans capacité, qu'il n'est pas même nécessaire de renverser quand ils gênent; « il suffit de les laisser

choir en les abandonnant à leur propre pesanteur ».
Et voilà comment l'État, dans l'extrémité où il est
réduit, ne trouve plus de généraux ni de politiques.

. C'est ce qu'il a répété toute sa vie, et presque
dans les mêmes termes. Ainsi en 1712 ses idées
étaient arrêtées ; sur le gouvernement du Roi, sur le
pouvoir des ministres, sur le clergé, sur les parlements, il pensait exactement comme en 1750. On
peut donc soupçonner qu'en rédigeant ses *Mémoires*
à la fin de sa vie, quand ses souvenirs n'étaient plus
aussi présents et aussi précis, il a pu commettre
beaucoup d'erreurs sur des points de détail ; mais
comme ses opinions, pour le fond et l'essentiel,
n'ont guère changé, je ne crois pas qu'il soit à
craindre que ce retard ait amené des modifications
importantes.

Malheureusement nous avons d'autres raisons, et
des raisons plus graves, qui nous rendent le témoignage de Saint-Simon suspect. Ce qui peut juste-
ment nous mettre en défiance, quand nous le lisons,
c'est sa passion, dont on voit bien qu'il n'est pas le
maître, qui sans cesse l'entraîne à exagérer et ne
lui permet de juger sainement ni les événements
ni les hommes. Du reste, il ne nous a pas pris en
traître ; il a soin de nous prévenir, en finissant son
ouvrage, qu'il n'est pas impartial et ne croit pas
qu'on puisse l'être, quand on parle de choses qu'on
a vues et maniées soi-même. « On est charmé, dit-
il, des gens droits et vrais, on est irrité contre les
fripons dont les cours fourmillent ; on l'est encore

plus contre ceux dont on a reçu du mal. Le stoïque
est une belle et noble chimère. Je ne me pique donc
pas d'impartialité, je le ferais vainement. » Nous
voilà bien avertis; c'est à nous de prendre nos précautions et de ne pas le croire sans de bonnes
preuves, quand il nous parle des gens qu'il n'aime
pas.

Personne n'a su haïr comme lui. Malheur à ceux
qui deviennent ses ennemis! et on le devient très
vite : il ne se possède plus lorsqu'il parle d'eux.
Il disait un jour au Régent, à propos du duc de
Noailles : « Je ne cache pas que le plus beau et le
plus délicieux jour de ma vie ne fût celui où il me
serait donné par la justice divine de l'écraser en
marmelade et de lui marcher à deux pieds sur le
ventre ». Dès qu'on était coupable de quelque offense
envers lui, il lui semblait qu'on avait commis un
crime contre l'État; et de la meilleure foi du monde
il a toujours poursuivi ses injures personnelles comme
si le salut du royaume y était intéressé. Les ministres
contre lesquels il s'est montré le plus acharné, à
l'époque de la Régence, et qu'il a fait impitoyable-
ment exclure des conseils, n'étaient peut-être pas
de très bons ministres, mais il leur en voulait encore
plus d'avoir nui à sa fortune ou blessé son orgueil
que d'avoir mal administré les affaires publiques. Le
contrôleur général Desmarets, qui lui devait beaucoup, et qui lui avait d'abord témoigné sa reconnaissance, se permit, un jour que Saint-Simon était
venu lui parler d'une affaire, de le recevoir sans

égards : « Dès que je parus, il vint à moi d'un air
ému, me coupa au premier mot la parole, disant
qu'il. était bien malheureux d'être la victime du
public, et d'autres plaintes dont le ton s'élevait.
Voyant ainsi la marée monter à vue d'œil, je voulus
essayer de reprendre la parole. Il m'interrompit à
l'instant; le rouge lui monta, ses yeux s'enflammè-
rent, ses plaintes vagues, mais sans rien que je
pusse prendre pour moi, redoublèrent d'une voix
fort élevée, et tout d'un coup se jetant sur des
papiers que je tenais à la main, que je m'étais proposé de lui expliquer en deux mots avant de les lui
laisser : « Voyons donc, dit-il, ce que c'est que tout
cela », d'un ton qui, dans mon extrême surprise,
me détermina à n'en pas entendre davantage. Il était
venu à moi jusque fort près de la porte; je l'ouvris,
et, sans regarder derrière moi, je cours encore. »
Peut-être fallait-il excuser cette brusquerie chez un
ministre si occupé et sur qui retombait le poids
de si lourdes affaires; mais Saint-Simon était sorti
furieux. « De ce moment, dit-il, je me promis bien
de ne rien oublier pour le mettre hors d'état de bru-
taliser personne »; et quand vint la Régence, il y
réussit. Le ministre de la marine, Pontchartrain,
avait été l'un de ses meilleurs amis, et il était même
devenu son parent par son mariage. Par malheur sa
haute situation lui tourna la tête. « La petite vérole
l'avait éborgné, la fortune l'aveugla »; il devint
raide, important, et, ce qui était plus grave, il osa
conclure contre Saint-Simon dans une affaire qui

concernait son gouvernement de Blaye. Ce fut fini ;
Saint-Simon n'eut pas de repos qu'il n'eût obtenu
du duc d'Orléans la promesse de le renvoyer, quand
il serait Régent du royaume. Au moment où le Roi
se mourait, il eut la malice d'aller voir Pontchartrain, pour jouir de ses inquiétudes, le voir ramper
devant lui, et se donner, comme il dit, pendant trois
quarts d'heure, une savoureuse comédie ; puis il
exigea que le Régent tînt sa promesse, et poursuivît
jusqu'au bout « cette araignée venimeuse ». Jamais
il n'a pardonné une offense. Il raconte, dans ses
Mémoires, que longtemps après qu'il se fut éloigné
de la cour, on se mit en tête de le réconcilier avec
le duc de Noailles. Vaincu par les sollicitations de
sa famille, il consentit à le voir ; mais il avait trop
présumé de sa force d'âme. A la vue de son ancien
ennemi, toutes ses fureurs se réveillèrent ; il quitta
la réunion, revint chez lui « comme un homme ivre
et qui se trouve mal », et fut sur le point de se faire
saigner. Pourtant plus de dix ans le séparaient
de l'injure qu'il reprochait au duc de Noailles. On
entreprit de le réconcilier aussi avec l'un des hommes
qui lui étaient le plus odieux, le premier président
de Mesmes, celui qui refusait de lever son bonnet
devant les ducs et pairs. Le duc de Lorges, son
beau-frère, veuf de la fille de Chamillart, avait eu
l'idée d'épouser en secondes noces Mlle de Mesmes.
Qu'on juge de la colère de Saint-Simon ! elle fut si
violente et fit tant d'éclat que Dangeau en dit quelque
chose dans son *Journal*, avec sa prudence ordinaire :

« On avait parlé du mariage du duc de Lorges avec
la fille aînée de M. le premier président, mais il y a
des gens, dans la famille du duc de Lorges, qui
traversent fort ce mariage ». Il se fit pourtant, et
même Mme de Saint-Simon obtint, à force de prières,
que son mari voulût bien y assister et qu'il tendît la
main au premier président. Mais il n'avait pas pardonné ; et deux ans après, quand de Mesmes mourut,
il fit en ces mots son oraison funèbre : « J'ai eu tant
d'occasions de faire connaître ce magistrat égale-
ment détestable et méprisable que je crois pouvoir
me dispenser d'en salir davantage ce papier ».

Sa violence, qui dépasse toute mesure, a cet avantage au moins de nous avertir quand il faut nous
défier de lui. Ce n'est pas un de ces auteurs artifi-
cieux, maîtres d'eux-mêmes, qui affichent une fausse
modération, et savent cacher l'ardeur de leurs sentiments pour rendre leurs opinions moins suspectes.
Cette habile stratégie lui est tout à fait étrangère. Il
va droit à ses ennemis, sans dissimuler sa marche,
il les attaque ouvertement et au grand jour. Ses
récits et ses portraits ne contiennent rien de tor-
tueux, et, pour parler comme lui, la haine y pétille
en liberté. On voit qu'il est incapable de retenir sa
colère et de maîtriser ses sentiments. Ils lui échap-
pent sans cesse et se font jour avec une franchise
énergique et de bizarres exagérations. C'est le cœur
qui parle, un cœur emporté, furieux, mais sincère,
et cette haine franche et fougueuse sert au moins à
nous prouver que nous n'avons pas à craindre les

adroites perfidies d'un imposteur. La partialité de
Saint-Simon est donc moins dangereuse parce
qu'elle se trahit par ses excès mêmes. Il est plus
facile de distinguer le faux, au milieu de ces empor-
tements, qu'il ne le serait parmi des insinuations et
des réticences. Les limites de la vérité si ouvertement franchies sont plus faciles à rétablir, et nous
nous laissons moins surprendre à la passion, quand
elle se découvre elle-même par l'invraisemblable des
reproches et la fureur des invectives. Noailles appelé
un Achitophel; le débonnaire duc du Maine, ce
conspirateur peureux, infirme de corps et d'esprit,
transformé en un Titan, traité d'Encelade et de
Briarée; le premier président flétri des noms de
Néron et de Domitien pour avoir fait rembourrer son
siège au parlement et l'avoir surmonté d'une dra-
perie : voilà de ces exagérations qu'il n'est pas
besoin de signaler; le plus simple bon sens les voit
et en fait justice.

On se méfie moins des anecdotes qu'il rapporte,
parce qu'en général elles sont charmantes, qu'il les
raconte très agréablement et qu'elles flattent notre
malignité. On les cite, on les commente, elles sont
dans les mémoires, elles traînent dans les livres;
et c'est pourtant ce qui, dans son œuvre, mériterait
le plus d'être suspect; non qu'il les ait inventées de
toutes pièces, mais il les accepte trop vite. Dès qu'il
s'agit de nuire à des gens qu'il n'aime pas, cet
homme d'esprit, ce sceptique, devient d'une crédu-
lité surprenante. Tout ce qu'il entend dire contre

eux, si invraisemblable que ce soit, il le tient pour vrai ; il ne doute de rien, parce qu'il les croit capables de tout. Nous devons donc nous tenir sur une extrême réserve à propos de ces histoires et les regarder de très près avant d'y ajouter foi ; mais le contrôle n'en est pas toujours facile. Il y en a qui se trahissent par des erreurs matérielles qui sautent aux yeux. En voici une, par exemple, qui plaît beaucoup à Saint-Simon et qu'il a rapportée plusieurs fois avec complaisance. Pour expliquer la haine de Louis XIV contre Guillaume d'Orange, il prétend que Guillaume aurait refusé la fille naturelle du Roi et de Mme de la Vallière, qui épousa plus tard le prince de Conti. De là, dit-il, naquit la guerre de Hollande. Il oublie que la princesse de Conti n'avait que quatre ans quand la guerre a commencé. Aucun doute ici n'est possible et l'anecdote ne peut être qu'une fable ; mais ailleurs, que de difficultés, que d'embarras pour serrer de près ces récits légers, qui se fondent dans les mains quand on veut les prendre ! Comment remonter à la source de ce qui ne se disait qu'à demi-voix, entre quelques personnes ? Où trouver les témoins d'une aventure secrète qui précisément n'est piquante que parce qu'elle n'a pas de témoins ? Et ce n'est pas ici Saint-Simon seul qui est en cause ; en réalité, aucune anecdote, même quand on la trouve dans les historiens les plus graves, n'est entièrement sûre. Supposons que celui qui la raconte ait vu le fait de ses yeux, sommes-nous certains qu'il le raconte tout à fait

comme il l'a vu? et s'il le tient d'un autre, qui le
tenait d'un autre à son tour, combien de change-
ments n'a-t-il pas subi dans le voyage? Les filles de
Chamillart, que Saint-Simon allait visiter entre onze
heures et minuit, pour savoir les nouvelles du jour,
pouvaient être très véridiques, mais c'étaient des
personnes du monde et des femmes d'esprit. Elles
cédaient à l'entraînement de la conversation, au
désir d'amuser ceux qui les écoutaient, à l'intérêt
qu'on attache aux choses qu'on est seul à connaître
et qui pousse à faire quelque effort pour en exagérer
l'importance : n'est-il pas vraisemblable que, presque
sans le vouloir, elles ajoutaient quelques embellisse-
ments à ce qu'elles avaient appris? et Saint-Simon,
quand il répétait aux autres en confidence ce qu'on
venait de lui dire sous le sceau du secret, ou qu'il
l'écrivait en cachette pour la postérité, comme il
devait l'amplifier encore! Que devient une anecdote
vraie, après qu'elle a passé par plusieurs bouches
qui chacune y ajoutent et la dénaturent? et l'anecdote fausse, quand plusieurs personnes lui ont
donné de l'autorité en la redisant, comment la distinguer de la vraie?

Pour s'éviter de faire cette distinction délicate, des
esprits sages pensent qu'il est plus simple de les
rejeter toutes en bloc. L'œuvre est assez avancée; ils
ont déjà fait disparaître de nos livres d'éducation
la plupart de ces charmants récits qui ont amusé
notre enfance, de ces belles paroles qu'on prêtait aux
héros du passé et qui leur donnaient une attitude

dans notre souvenir. Je crains bien que le reste n'y passe et qu'ils finissent par réduire l'histoire à n'être plus qu'une table des matières, avec quelques dates et quelques noms. Saint-Simon y perdra plus que tous les autres; les anecdotes abondent chez lui : c'était son goût de les connaître; c'est son talent de les bien raconter. Même les plus légères, celles qui d'abord ne semblent rien, lui paraissent importantes : ces bagatelles, nous dit-il, donnent une idée juste des événements et des hommes. Si on les retranche sans pitié de son œuvre, qu'y restera-t-il?

Mais je crois qu'il faut les y laisser et qu'il n'est pas défendu de s'en servir. L'histoire pourra en profiter, et même celles qui inquiètent le plus les critiques scrupuleux ne lui seront pas inutiles. Saint-Simon, nous l'avons dit, ne les a pas inventées; on les retrouve toutes, en cherchant bien, dans les gazettes, dans les correspondances, dans les chansons du temps. On vivait alors sous un régime absolu, mais tempéré par la malice et par l'esprit; il n'y avait pas d'autorité assez forte pour empêcher ce que Saint-Simon appelle « la guerre civile des langues ». Le Roi avait beau laisser entendre qu'il n'aimait pas « les discoureurs », on discourait librement, même à Versailles, dans son palais, presque en sa présence. On parlait dans son armée « avec une licence qui ne pouvait pas être contenue », et ses proches eux-mêmes « le chamarraient fort », quand il avait pris quelque mesure qu'on désapprouvait. Ce que racontaient ces mécontents n'était pas

toujours parfaitement exact, et Saint-Simon a eu
tort d'y prêter trop d'attention. Mais enfin leurs
commérages couraient le monde; on les tenait pour
vrais; ils nous laissent deviner ce qu'on pensait des
plus grands personnages et l'idée qu'on avait d'eux,
en dehors des cercles officiels; s'ils ne nous appren-
nent pas ce qu'ils ont fait réellement, ils nous montrent ce qu'on les croyait capables de faire. En blâ-
mant les uns, en exaltant les autres, peut-être sans
raison; en prêtant à ceux-ci des ridicules qu'ils ne
méritent pas, en reprochant à ceux-là des bassesses
qu'ils n'ont pas commises, ils nous révèlent des
colères, des affections, des haines cachées, et nous
ouvrent ainsi quelques jours sur l'état de l'opinion
publique à ce moment : ce qui est de l'histoire aussi.

Je ne crois pas avoir dissimulé les défauts de
Saint-Simon comme historien : il est violent, par-
tial, passionné, injuste, en tout excessif. Ces défauts,
dans une certaine mesure, sont ceux de tous les
gens qui rapportent des événements auxquels ils ont
pris part et qui les ont émus. On ne peut pas exiger
d'eux, quand ils les racontent, qu'ils en parlent froidement; nous savons bien qu'il faut nous méfier
de leurs récits. Et cependant nous ne pouvons pas
renoncer à nous en servir. L'histoire se fait avec le
témoignage des contemporains, et plutôt de ceux
qui ont été mêlés aux affaires publiques et y ont
joué quelque rôle, c'est-à-dire qui sont moins impartiaux que les autres. Il faut donc partir de cette
idée qu'ils se trompent très souvent, qu'ils ne voient

qu'un côté des faits, et qu'ils les voient avec leurs
passions et leurs préjugés. C'est à nous à contrôler
soigneusement leurs appréciations et à nous faire
une opinion moyenne entre des documents contraires. Il n'y a que la postérité qui puisse être
juste, et l'on n'a guère de chance de bien connaître
et de bien juger les événements — s'il est vrai qu'on
les connaisse jamais bien — qu'un siècle ou deux
après qu'ils se sont passés.

CHAPITRE IV

SAINT-SIMON ET LES GRANDS HOMMES DE SON TEMPS

Le reproche le plus grave qu'on ait fait à Saint-Simon est de nous avoir gâté une des plus belles époques de notre histoire. Le fait est que le « grand siècle », comme nous avons pris l'habitude de l'appeler, ne paraît pas toujours à son avantage dans ses *Mémoires* et que plusieurs des grands hommes de ce temps y perdent beaucoup de leur prestige. C'est ce qui a soulevé la colère de ceux qui n'aiment pas qu'on dérange leurs admirations et qui regardent comme un crime qu'on ose toucher à des gloires consacrées.

Louville écrivait au marquis de Saint-Aignan, en 1716 : « J'ai trouvé notre ami M. de Saint-Simon plus méchant que jamais ». Il ne voulait pas dire seulement que c'était un homme d'esprit, fort habile à découvrir les ridicules des gens et à les dépeindre — de ceux-là, il y en avait tant à Versailles ! — mais qu'il avait un tempérament chagrin et amer, qu'il

mettait volontiers les choses au pire, et qu'en tout
il voyait plutôt le mal que le bien. Nous l'appellerions aujourd'hui un pessimiste. Il me semble que ce
tour particulier de son caractère se révèle clairement
dans les admirables portraits qu'il nous a laissés, et
qu'en cherchant à nous faire connaître les autres il
s'est souvent découvert lui-même. On s'aperçoit vite
qu'il n'y a aucun de ces portraits, même quand l'auteur veut le plus de bien au personnage, qui ne soit
obscurci de quelques ombres. D'ordinaire, quand
nous aimons beaucoup les gens, nous sommes tentés
de ne pas voir leurs défauts, et d'ailleurs si les qualités dominent, elles nous cachent le reste. Ces illusions bienveillantes sont étrangères à Saint-Simon. Il
possède une perspicacité implacable qui, chez les
gens même qu'il estime le plus, lui montre les mauvais côtés auprès des bons ; et, une fois qu'il les a
vus, il ne peut s'empêcher de nous les dire. Son
affection pour le maréchal de Lorges, son beau-père,
était très vive et très sincère. « Je l'aimais, dit-il, et
le respectais comme le meilleur père, avec la plus
entière et la plus douce confiance. » Au moment de
sa mort, il arrête son récit et prend le temps de faire
de lui, comme homme, comme courtisan, comme
général, un long portrait où l'on sent qu'il a mis son
cœur. Il faut pourtant qu'au milieu des louanges
qu'il lui donne il glisse, en passant, qu'il avait « une
énonciation peu heureuse et un esprit peu brillant ».
De même, quand il perdit le maréchal de Choiseul,
« un ami qu'il regrettera toute sa vie, un de ces amis

qui ne se trouvent plus », tout en faisant un éloge
pompeux de sa naissance, de son mérite, de son courage, en disant qu' « il n'eut d'ennemis et de jaloux
que ceux de la vertu même », il ne néglige pas de
nous apprendre qu' « il avait fort peu d'esprit », et
que, dans le monde, « il était peu amusant ». Et Boufflers, l'héroïque défenseur de Lille, qui avait sauvé
l'armée à Malplaquet ! C'était un des plus nobles
caractères de ce temps, et Saint-Simon n'en parle
jamais qu'avec respect et admiration ; à l'occasion,
pourtant, il lui échappe de nous dire qu' « il avait des
lumières peu étendues », et qu' « il est surprenant
qu'avec aussi peu d'esprit et un esprit si courtisan
il ait conservé une probité sans tache ». Il ne peut
pas faire à Mme de Pontchartrain, la femme du chancelier, le même reproche qu'à tous ces braves, qu'il
trouvait un peu courts d'intelligence. Elle était
extrêmement spirituelle, « sans jamais vouloir le
montrer », pleine de sens et de tact, habile à donner
des fêtes et à inventer des plaisirs. « Jamais femme de
ministre ni autre n'eut sa pareille pour savoir tenir
une maison, y joindre plus d'ordre à toute l'aisance
et la magnificence, en éviter tous les inconvénients
avec le plus d'attention, d'art et de prévoyance, sans
qu'il y parût, et y avoir plus de dignité et plus de
politesse. » Voilà de grands éloges ; mais attendez :
le portrait ne finira pas sans quelque légère réserve :
« Avec tout cela, elle avait trop longtemps trempé
dans la bourgeoisie pour qu'il ne lui en restât pas
quelque petite odeur. »

Voilà pour les gens que Saint-Simon aime le plus.
Dans les portraits qu'il fait d'eux, il se plaît à mettre
leurs mérites en pleine lumière; mais la médaille a
toujours son petit revers. Quand on passe des amis
aux indifférents, à ceux dans l'intimité desquels il n'a
jamais été et dont il parle avec une pleine liberté
d'esprit, l'éloge et le blâme se balancent. Ce qui
est remarquable, c'est qu'entre les défauts et les qualités il ne cherche pas à faire pour ainsi dire une
moyenne. Personne n'a moins connu cette disposition dont je parlais tout à l'heure qui fait que le
bien, quand il domine, absorbe le mal et l'éteint;
chez lui le bien et le mal gardent tout leur relief et
viennent chacun à leur place, ce qui produit quelquefois des contrastes assez surprenants. C'est ainsi
qu'il nous dit, à propos de l'évêque de Noyon, que
« c'était un homme de saintes mœurs et vie, mais
d'ailleurs un butor ». Il admirait beaucoup le prince
de Conti, qu'il proposait toujours en exemple au duc
d'Orléans et il en a fait un portrait fort agréable.
Mais après qu'il l'a comblé d'éloges hyperboliques,
il se retourne brusquement pour nous dire que « cet
homme si aimable, si charmant, si délicieux, n'aimait
rien, qu'il avait et voulait des amis comme on veut
et comme on a des meubles; qu'il était bas courtisan, avare, avide de biens, ardent, injuste, etc. ».
Il va sans dire que, lorsqu'il est question de quelqu'un
dont il croit avoir à se plaindre, le blâme s'accuse
davantage et qu'il en vient quelquefois à des violences incroyables. Quand il veut nous peindre le

duc de la Feuillade, il commence par nous montrer
fort agréablement les qualités du personnage; il
nous dit qu'il avait beaucoup d'esprit, qu'il était d'un
commerce charmant, libéral, poli, brave, galant,
gros et beau joueur, enfin un homme du monde
accompli. Mais le tour des défauts arrive vite, la
colère monte, déborde, et le portrait s'achève par ces
mots terribles : « C'était un cœur corrompu à fond,
une âme de boue, un impie de bel air et de profession; pour tout dire, le plus solidement malhonnête
homme qui ait paru de longtemps ».

Tous ses portraits sont faits ainsi, en partie
double, pour ainsi dire : nous avons le bien, puis
le mal; et c'est sur le mal que d'ordinaire le portrait s'achève, en sorte que l'impression mauvaise
est la dernière, celle qui ne s'effacera plus de l'esprit. Il n'y a là ni un artifice d'écrivain pour donner
plus de relief à la peinture des caractères, ni un
procédé malhonnête pour déconsidérer ceux auxquels il veut nuire. Je suis sûr qu'il est absolument
sincère dans sa malveillance : il a peint comme il
voyait, mais il voyait surtout les méchants côtés.
Ceux qui vivaient dans son intimité s'en étaient
bien aperçus et lui en ont fait quelquefois des reproches. Le pieux duc de Beauvillier lui disait un jour
qu' « il n'y avait pas moyen de raisonner avec lui,
qu'il soupçonnait tout et jugeait mal de tout le
monde »; à quoi il répondait que la charité est une
belle vertu, mais que, lorsqu'elle s'effarouche trop
vite, elle peut avoir ses dangers, qu'elle empêche

de connaître les hommes et de les juger, qu'un
politique ne doit pas refuser obstinément d'ouvrir
les yeux et « se renfermer dans une bouteille ».
Cette clairvoyance malveillante qui lui faisait voir
le mal partout, cette irritabilité nerveuse qui l'em-
pêchait de le supporter, ce talent qu'il avait pour le
dépeindre, après lui avoir fait beaucoup d'ennemis
de son vivant, l'ont mis souvent en désaccord avec
la postérité. Il est naturel que la postérité ne juge
pas tout à fait les gens comme les contemporains :
leurs défauts, quand ils sont morts, ne nous gênent
plus guère ; nous sommes tout prêts à les leur pardonner, dès que nous n'avons plus à en souffrir.
Une fois que la personne, avec ses ridicules et ses
travers, a disparu et qu'il ne surnage d'elle que
le souvenir des services qu'elle a pu rendre, on lui
devient plus indulgent. Saint-Simon ne l'ignorait
pas ; il se doutait bien que ces portraits qu'il avait
tracés dans la vivacité de ses haines, « quand
l'oubli aurait effacé ce qui n'est connu qu'aux contemporains », risquaient de ne plus paraître ressemblants et d'être défavorablement accueillis du
public. « Si ces *Mémoires* voient jamais le jour,
disait-il, je ne doute pas qu'ils n'excitent une pro-
digieuse révolte. » Ses prévisions n'ont pas été
trompées.

Par exemple, on lui en veut beaucoup de la façon
dont il a traité les derniers grands généraux de
Louis XIV. Il parle peu du maréchal de Luxembourg, qu'il n'a fait qu'entrevoir ; mais il en dit

assez pour montrer qu'il ne lui est pas bienveillant. Luxembourg avait gagné un procès de préséance contre les ducs et pairs; Saint-Simon ne le
lui pardonne pas. Il est bien forcé de reconnaître
qu'il a remporté des victoires, mais il insinue qu'il
n'a pas su toujours en profiter. Quant à Vendôme,
si on l'en croit, il n'a jamais été victorieux que par
hasard, et malgré lui. Vendôme était d'une race de
bâtards, il avait pris le titre d'Altesse et se faisait
appeler Monseigneur. C'en est bien assez pour que
Saint-Simon ait conçu contre lui une haine furieuse.
Mais sa haine ne va pas jusqu'au mensonge; il n'a
rien inventé des détails repoussants et incroyables
qu'il nous donne sur la manière dont Vendôme
vivait dans son camp. On les retrouve discrètement
indiqués dans une lettre de Mme de Maintenon :
« M. le maréchal de Boufflers dit qu'on ne com-
mande pas une armée de dessus sa chaise percée :
c'est sa situation ordinaire ». Quand Vendôme fut
mort, Philippe V lui accorda l'honneur d'être enterré
à l'Escurial, avec les rois d'Espagne, ce qui indigna
Saint-Simon. Heureusement, il était d'usage qu'avant
de prendre leur place définitive dans la sépulture
royale, les corps attendaient quelque temps, encas-
trés dans les murs d'une grande salle, qu'on appelait le *pourrissoir*. Neuf ans plus tard, Saint-Simon
visitant l'Escurial s'enquit curieusement de ce qu'on
avait fait du duc de Vendôme : il eut la satisfaction
d'apprendre qu'il était resté dans la muraille, et
partit avec l'espoir qu'il n'en sortirait jamais.

Le maréchal de Villars est, s'il se peut, encore
plus malmené que Vendôme. Saint-Simon lui enlève
le mérite de ses plus grandes actions. Il nous raconte
sérieusement qu'à Friedlingue il croyait la bataille
perdue et s'arrachait les cheveux sous un arbre,
quand on vint lui annoncer que les ennemis s'étaient
enfuis. A l'en croire, c'est grâce à Boufflers que
Malplaquet n'a été qu'une demi-défaite : Villars
avait tout fait pour que ce fût un désastre. A Denain,
c'est le maréchal de Montesquiou qui a eu l'idée
d'attaquer le prince Eugène et qui l'a vaincu. Villars n'est donc si glorieux que parce qu'il a tiré à
lui toute la gloire des autres; réduit à lui-même,
il n'a jamais été qu' « un comédien de campagne ».
Rien ne nous étonne davantage que d'entendre
Saint-Simon attaquer avec cette violence un homme
que nous avons pris l'habitude de regarder comme
le sauveur de la France; mais notre surprise aug-
mente quand nous voyons qu'il n'est pas seul de
son sentiment et que beaucoup d'autres autour de
lui n'avaient pas de Villars une meilleure opinion.
Ce grand général était un politique médiocre et un
homme insupportable. Il avait fatigué tout le monde
de ses forfanteries. Ses défauts étaient si visibles,
si choquants, qu'ils obscurcissaient entièrement ses
mérites. Fénelon, qui de Cambrai dirigeait ses
amis de Versailles, consulté par eux sur le général
qu'il convenait de mettre à la tête de nos armées
vaincues, les détournait surtout de choisir Villars.
« Il est vain, disait-il, il paraît mépriser les lieute-

nants généraux; il ne les écoute pas; il fait entendre qu'ils ont toujours peur et qu'ils ne savent rien. Il se croit invincible, quand il a le moindre avantage, et il devient doux comme un mouton, dès qu'il se trouve embarrassé. C'est ce qui fait qu'il n'a ni l'estime, ni la confiance, ni l'amitié de personne. Il ne sait même pas discerner et conduire les hommes; il est trop léger, inégal et sans conseil; il ne connaît ni la cour, ni l'armée; il n'a que des lueurs d'esprit; il fait presque toujours trop ou trop peu; il ne se possède pas assez. Une guerre où la France est en péril demanderait une plus forte tête. » Voltaire lui-même, quoiqu'il ait été longtemps l'hôte et le protégé de Villars, est bien forcé d'avouer, dans le *Siècle de Louis XIV*, qu'il s'était fait détester de tout le monde et qu'il n'a guère commencé à jouir de sa renommée que vers l'âge de quatre-vingts ans. « Il fallait, dit-il, qu'il survécût à toute la cour pour goûter pleinement sa gloire. » A ce moment Saint-Simon écrivait ses *Mémoires*. Ce retour de l'opinion publique, dont il était témoin, ne changea rien à ses sentiments. Il persista dans son mépris pour ce fanfaron et ce « Tabarin », et se contenta de répondre aux éloges qu'il en entendait faire : « Le nom qu'un infatigable bonheur lui a acquis pour les temps à venir m'a souvent dégoûté de l'histoire ».

CHAPITRE V

MADAME DE MAINTENON ET LOUIS XIV

Parmi ceux qui ont surtout à se plaindre de
Saint-Simon se trouvent les deux personnages les
plus importants de cette époque, Louis XIV et
Mme de Maintenon. On a souvent discuté les jugements qu'il porte sur eux et je n'ai rien de nouveau
à en dire. Il faut pourtant y revenir pour apprécier
la confiance qu'il mérite et le compte qu'on doit
tenir de son opinion.

Il ne paraît pas avoir été d'abord un ennemi aussi
violent de Mme de Maintenon qu'il le devint dans
la suite. C'est Chamillart qui lui apprit, après la
mort du roi, qu'elle l'avait toujours détesté et les
mauvais services qu'elle essaya souvent de lui
rendre. Aussitôt, selon l'usage, l'imagination de
Saint-Simon s'échauffa. Comme il avait le sentiment de son mérite et qu'il ne pouvait s'empêcher
d'être surpris qu'on n'en eût pas fait plus d'usage,
il était toujours occupé à chercher la raison secrète

de ses disgrâces; il crut l'avoir trouvée dans la
haine de Mme de Maintenon. Désormais les « manèges de cette fée », pour parler son langage, lui
servirent à expliquer tous ses mécomptes. Quand il
nous parle de la manière habile dont elle arrivait
à perdre ceux qui lui étaient suspects, et qu'il
ajoute : « Bien des gens eurent le cou rompu sans
en avoir pu imaginer la cause et se donnèrent bien
des sortes de mouvements pour la découvrir et pour
y remédier, et très inutilement », c'est à lui-
même qu'il songe; et l'on pense bien que, lorsqu'il
sut ou crut savoir ce qu'elle avait fait pour lui nuire,
il ne le lui pardonna de sa vie.

Dès lors il fait pour elle comme pour ses autres
ennemis : il accepte sans les vérifier tous les bruits
qui lui sont défavorables. C'est ainsi qu'il répète avec
la plus parfaite confiance ce qu'il a entendu dire
des temps obscurs de sa jeunesse : son mariage avec
Scarron, « quand les amis du savant et joyeux cul-
de-jatte, qui avaient plus besoin de femme que lui,
l'engagèrent à l'épouser »; puis les premières années
de son veuvage, « lorsqu'elle était réduite à la charité de sa paroisse »; et comment « ses appas élar-
girent peu à peu ce mal-être ». Il nous donne les
noms de ceux qui remirent à flot la charmante mal-
heureuse, Villars, le père du maréchal, Beuvron,
les trois Villarceaux; et ce n'étaient pas les seuls :
« bien d'autres l'entretinrent ». Pour répondre à
ces accusations cruelles, on a fait remarquer avec
raison que cette jeune femme n'était pas tout à fait

sans défense contre les dangers auxquels l'expo-
saient sa beauté et sa misère : elle tenait à sa réputation ; elle sentait que son honneur était toute sa
fortune ; elle voulait être estimée : « Il n'y a rien,
disait-elle plus tard, que je n'eusse été capable de
faire et de souffrir pour faire dire du bien de moi ».
J'ajoute que pendant sa faveur elle n'a pas paru
redouter les indiscrétions des témoins de sa jeunesse ; au contraire, elle les a fait venir à la cour,
elle les a reçus dans son intimité. Si elle s'était
sentie coupable, elle aurait pu acheter leur silence
par des bienfaits ; mais se serait-elle volontairement
exposée à rougir en leur présence ? Il est probable
qu'elle ne les appelait près d'elle que parce qu'elle
savait bien que les récits qu'ils pouvaient faire
n'étaient pas de nature à la compromettre.

N'insistons pas davantage ; la conduite de
Mme Scarron est étrangère à l'histoire : c'est à
partir du moment où son existence est liée à celle
du Roi qu'il importe de savoir comment elle s'est
comportée. Saint-Simon affirme qu'elle n'eut d'abord
qu'une pensée, rendre son mariage public, qu'elle
fut profondément déçue de n'y pas réussir, qu'elle
poursuivit de sa vengeance et finit par perdre ceux
qui s'y étaient opposés. C'est ainsi qu'il explique la
disgrâce de Louvois et celle de Fénelon. Elle, au
contraire, insinue, dans une de ses lettres, que le Roi
était prêt à tout lui accorder, et qu'elle n'y a pas
consenti. « Je n'ai pas voulu, dit-elle, qu'il fît pour
moi une chose au-dessus de moi. » Faut-il ne voir

dans ces humbles paroles qu'une de ces feintes mo-
desties, dont parle Saint-Simon, « qui sentaient fort
le relan de son premier état, mais ne passaient pas
l'épiderme »? Devons-nous penser qu'elle veut se
donner l'apparence de n'avoir jamais désiré ce
qu'elle n'a pas pu obtenir? J'avoue, pour moi, que
je la crois sincère. Qu'aurait-elle gagné à devenir
ouvertement reine de France? elle en avait l'autorité,
il lui en manquait les honneurs; mais précisément la
pompe et l'apparat lui répugnaient, sa correspondance le montre à chaque page. Il fallait la robuste
santé de Louis XIV pour remplir sans fatigue tous
ces devoirs de la royauté qui ne lui laissaient pas
une heure de recueillement et le donnaient sans
cesse en spectacle à tout le monde. Une fois reine,
elle aurait été forcée de passer ses journées, comme
lui, dans une perpétuelle représentation; il lui eût
fallu renoncer à ces retraites qu'elle se faisait à
Versailles même et à Marly, aller plus rarement à
Saint-Cyr, quitter pour le grand habit de cour ces
coiffes et cette écharpe noire qui lui semblaient si
commodes, vivre moins avec ses amis et plus avec
le public. Elle aurait trouvé sans doute que c'était
payer sa grandeur trop cher.

Une autre affirmation de Saint-Simon, à laquelle il
tient beaucoup et qu'il a cherché à établir sur toute
sorte de preuves, c'est qu'elle menait le Roi sans
qu'il s'en doutât, et s'arrangeait habilement avec les
ministres pour lui suggérer toutes ses volontés.
Remarquons que, si cette opinion est vraie, il faut

la rendre responsable de tout ce qui s'est fait. de
mal à la fin de ce règne, et c'est bien ce que Saint-
Simon veut faire entendre. Elle, au contraire, est
occupée, dans sa correspondance, à diminuer la part
que le public veut lui donner dans le gouvernement
du royaume. « Je ne sais point les affaires, écrit-elle
à la princesse des Ursins; on ne veut point que je
m'en mêle, et je ne veux point m'en mêler. » Qui des
deux dit la vérité, d'elle ou de Saint-Simon? Ici
encore, je crois que c'est elle. Sans doute il n'est
pas question de nier l'influence qu'elle pouvait avoir
dans la distribution des faveurs royales. Elle avait
ses candidats, qu'elle cherchait à faire triompher, et
il est bien possible que, pour assurer leur succès,
elle ait eu recours à quelques-uns de ces artifices
que Saint-Simon décrit avec complaisance. Je veux
parler seulement des affaires graves où l'intérêt
public était engagé. Il me semble qu'en s'efforçant
de montrer qu'elle s'est donné beaucoup de mal
pour les conduire à son gré et qu'elle y a réussi,
Saint-Simon se met un peu en contradiction avec
lui-même et qu'il change un des traits essentiels de
la figure qu'il nous a d'abord présentée. Il nous dit
qu' « elle pensait et sentait en petit », ce qui paraît
exclure les grandes ambitions, comme celle de gouverner l'État. D'ailleurs elle connaissait parfaitement
le Roi; elle savait à quel point il était jaloux de
son autorité, et qu'il ne lui pardonnerait pas de
chercher à prendre plus d'importance qu'il ne voulait lui en donner. Dans cette grande situation, où

elle était arrivée de si loin et avec tant de peine,
elle ne se sentait pas assez solide pour se permettre
de lui donner quelque sujet d'être mécontent. Elle
n'était occupée qu'à prévenir ses soupçons et à lui
complaire. Saint-Simon a dépeint ces soirées où le
Roi travaillait chez elle avec ses ministres : tous
deux étaient dans leur fauteuil, aux deux coins de la
cheminée, elle lisant ou brodant, mais attentive et
l'oreille tendue : jamais elle ne prenait part à l'entretien, à moins que le Roi ne lui demandât son avis.
Je me figure qu'alors avant de répondre elle cherchait
à lire sa pensée dans ses yeux et à deviner son opinion pour y conformer la sienne. Nous voilà loin de
ces initiatives hardies qu'on lui suppose. Saint-
Simon affirme qu'elle menait le Roi ; je lui ferais
plutôt le reproche de l'avoir toujours trop docilement
suivi.

Il lui donne un rôle décisif dans la révocation de
l'édit de Nantes. Rien ne prouve qu'il ait raison ;
mais on peut être sûr que lorsqu'elle vit que le Roi
voulait en finir avec l'hérésie, elle fut une des premières à le féliciter de sa résolution, et, comme
c'était lui plaire que de travailler au succès de l'entreprise, elle s'y jeta de tout son cœur. Elle se fit
gloire de convertir par tous les moyens toute sa
famille. « On ne voit que moi dans les églises, disait-
elle, conduisant quelque huguenot. » Quand on
s'aperçut plus tard qu'on était allé trop loin et qu'il
fut question d'adoucir la persécution, elle conseilla
de ne pas renoncer à la mesure qui nous paraît

répugner le plus à la justice et à l'humanité, l'enlèvement des enfants à leur famille : c'est un genre de
cruauté qu'on n'attendrait pas d'une femme.

Saint-Simon lui reproche encore d'avoir inspiré
au Roi l'un des actes les plus fâcheux de ses dernières années, et cette fois il me semble qu'il est
plus difficile de la défendre. On sait avec quelle passion Louis XIV s'était occupé, pendant toute sa vie,
de la fortune de ses enfants naturels. Ses fils avaient
été pourvus des plus hautes charges de l'État; il
avait marié ses filles aux princes de sa maison,
« mêlant ainsi le plus pur sang des rois à la boue
infecte du double adultère ». Au mois de juillet 1714,
il mit le comble à ces faveurs scandaleuses par l'édit
qui déclarait les légitimés aptes à succéder à la
couronne. « La bombe, dit Saint-Simon, tomba tout
d'un coup, sans que personne eût pu s'y attendre;
et chacun se jeta ventre à terre, comme on fait aux
bombes. » Il n'a pas de peine à montrer que c'était
changer les lois du royaume et commettre un véritable crime de lèse-majesté. Ce qui nous frappe
encore plus aujourd'hui, c'est l'atteinte profonde
qu'un acte pareil porte à la constitution de la famille.
On regarde comme d'audacieux révolutionnaires, des
ennemis de l'ordre social, ceux qui nous proposent
de mettre sur le même rang l'enfant naturel et le fils
légitime et de leur attribuer les mêmes droits. N'oublions pas que c'est un Roi, le plus absolu des Rois,
celui que révèrent et qu'invoquent surtout les ennemis des révolutions, qui leur en a donné l'exemple.

Devons-nous penser, avec Saint-Simon, que cette mesure lui fut arrachée de force par Mme de Maintenon, qui rencontra beaucoup de résistance? Sans doute Mme de Maintenon était très tendrement attachée au duc du Maine, dont elle avait été la gouvernante, et toute dévouée à ses intérêts. Mais il ne faut pas oublier non plus l'affection que Louis XIV portait à ces « enfants de sa personne », et tout ce qu'il avait déjà fait pour leur fortune. Vraisemblablement elle n'eut qu'à l'encourager dans ce que de lui-même il souhaitait faire, et il lui fut facile de surmonter des scrupules qui ne demandaient qu'à se laisser vaincre. En cette occasion, comme toujours, elle ne fit que le pousser du côté où elle le voyait pencher.

Il faut donc reconnaître que Saint-Simon a quelquefois attribué à Mme de Maintenon un rôle qui ne lui appartient pas; je comprends qu'on le lui ait vivement reproché. Je comprends encore plus qu'on soit blessé de la violence ou plutôt de la brutalité de ses expressions, toutes les fois qu'il parle d'elle. Mais ne va-t-on pas trop loin quand on le rend seul responsable de la façon rigoureuse dont on la juge ordinairement? Faut-il croire que, s'il n'avait pas écrit, on ne songerait pas à lui être sévère, et que tout le monde aurait pour elle l'admiration de Dangeau? On oublie que Saint-Simon n'a fait que répéter ce qu'il a entendu dire, et que ces bruits, même s'il ne les avait pas recueillis, auraient bien trouvé quelque voie pour arriver jusqu'à nous. Je vais plus loin : quand même nous prendrions la résolution de fermer

l'oreille à ces médisances, quand nous n'écouterions
que des témoins impartiaux ou favorables, croit-on
que nous aurions d'elle une opinion bien différente?
Ses amis — elle en a parmi nous de très dévoués et
de fort intelligents — ont pensé qu'il suffisait pour
la défendre de lui laisser la parole; ils ont opposé sa
correspondance aux injures de Saint-Simon. La tac-
tique était habile; peu de femmes ont manié le français avec autant de finesse et de sûreté. J'oserai dire
que pour la précision et la pureté des termes, elle
écrit peut-être mieux que Mme de Sévigné : sa phrase
est plus courte, plus vive, plus dégagée d'incises,
d'un tour plus moderne. Elle dit si bien ce qu'elle
veut dire, et d'une manière si délicate, elle connaît si
profondément la vie, elle a tant vu et tant retenu, que
c'est vraiment un charme de la lire; mais ce charme
est toujours mêlé de quelque inquiétude; il reste une
ombre sur cette figure; elle attire et repousse. Je
viens de prononcer un nom dont le souvenir lui
est singulièrement nuisible : quelle différence avec
Mme de Sévigné, si droite, si simple, si franche, si
ouverte, et qui se livre du premier coup! L'autre est
trop réservée, trop fuyante. Son malheur a voulu
qu'elle n'ait jamais eu de situation nette dans la vie.
Jeune, elle fréquenta les sociétés les plus distin-
guées, mais dans un rang intermédiaire, entre ser-
vante et amie. Elle épouse Scarron; et, quand elle
est devenue veuve, elle peut écrire, sans surprendre
personne, qu' « elle n'a jamais été mariée ». Plus
tard, tout le monde sait qu'elle est la femme du Roi,

et pourtant elle n'est pas la reine. Il fallait beaucoup
d'adresse pour se tirer de ces positions délicates,
et l'on peut dire que sa fortune même la condamnait
à être habile. Elle l'a été si aisément, avec tant de
bonne grâce, qu'il semble que sa nature aussi l'y
avait disposée. Mme de Sévigné disait d'elle : « C'est
un plaisir de l'entendre raisonner ». Elle a raisonné
toute sa vie; et comme l'excès des qualités est un
défaut, nous finissons par la trouver trop raisonnable.
Il lui a manqué ce qui est un si grand attrait dans
une femme, la chaleur d'âme, l'entraînement, l'oubli
de soi-même. Pourquoi ses amis la défendent-ils
avec tant d'insistance d'avoir aimé quand elle était
jeune? Peut-être nous plairait-elle davantage, si
nous la savions capable d'une faiblesse. Même quand
ses lettres nous la font estimer, elles ne nous la rendent pas aimable. Elle moralise trop, elle prêche :
c'est sa vocation, je dirai presque que c'est son
rôle. Elle se glorifie d'avoir conquis le Roi à la
vertu; mais il est déplaisant de voir qu'elle ait profité
pour son compte de la vertu du Roi. Elle l'a détaché
de Mme de Montespan en lui faisant honte d'être
l'amant d'une femme mariée; mais cette femme était
son amie, elle la fréquentait assidûment et acceptait
ses libéralités. Ce dérèglement dont elle blâmait le
Roi, elle l'avait longtemps souffert, et même elle en
avait vécu. Dans le salon du maréchal d'Albret,
quand le pauvre M. de Montespan s'avisa, un peu
trop tard, de faire des scènes à sa femme qu'il prétendait garder pour lui seul, tout le monde lui tourna

le dos, et Mme de Maintenon fit comme tout le monde.
Ses scrupules lui sont venus plus tard, quand il lui
était utile de les avoir. Il est vrai qu'elle nous affirme
qu'elle ne songeait pas à travailler pour elle; elle
voulait procurer le salut du Roi et celui de Mme de
Montespan, qui ne l'en avait pas priée. En la faisant
chasser de la cour et en prenant sa place, elle prétendait qu'elle avait agi « comme sa véritable amie »,
et se montrait surprise de ne pas la trouver plus
reconnaissante. Elle osait écrire à l'abbesse de Fontevrault : « Je suis ravie, madame, d'avoir reçu quelques marques du souvenir de Mme de Montespan.
Je craignais d'être mal avec elle. Dieu sait si j'ai fait
quelque chose qui l'ait mérité! » Au milieu de ces
manèges et de ces perfidies, le nom de Dieu revient
à chaque instant dans ses lettres, et c'est peut-être
ce qu'elles ont de plus déplaisant. Nous ne prenons
pas notre parti de l'entendre dire que c'est Dieu qui
a tout conduit, qu'il l'a lui-même approchée du Roi,
qu'elle lui doit tous ses succès, qu'elle se regarde
comme l'instrument dont il se sert pour faire le bien.
« Mme de Montespan, disait-elle un jour à ses filles
de Saint-Cyr, est, après Dieu, la première cause de
la haute fortune que j'ai faite. » Dieu et Mme de Montespan! Quel mélange, ou, comme dirait Saint-Simon,
quel ragoût! N'avais-je pas raison de dire que Saint-
Simon n'est pas seul coupable de l'opinion qu'on a
d'ordinaire de Mme de Maintenon? Même quand on
la juge d'après ses lettres, c'est-à-dire d'après le
portrait qu'elle nous a tracé d'elle-même, il ne nous

reste pas le souvenir d'une figure tout à fait attrayante.

Saint-Simon n'aimait pas plus Louis XIV que Mme de Maintenon; il ne nous le cache pas. Au moment où il va nous parler de lui, il avoue qu'il ne se sent pas assez sûr de lui-même pour promettre d'en parler sans haine, et se contente de dire : « On tâchera d'y atteindre ». Il n'y a pas toujours réussi et la haine se montre trop souvent dans la façon dont il l'a jugé. Les reproches qu'il lui adresse sont nombreux et graves. Quoiqu'il soit difficile de distinguer l'homme et le Roi chez Louis XIV, il les prend successivement à partie. Et d'abord il accuse l'homme de médiocrité d'esprit et de sécheresse de cœur.

Le premier de ces reproches n'est pas une simple boutade, comme on serait tenté de le croire, car il y revient à deux reprises; deux fois il nous dit qu' « il était né avec un esprit au-dessous du médiocre ». Il est vrai qu'il ajoute aussitôt que « cet esprit était très capable de se former, de se limer, de se raffiner, d'emprunter d'autrui sans imitation et sans gêne ». Peut-on dire d'un homme qu'il est médiocre, quand il a le sentiment de ce qui lui manque et qu'il peut arriver de lui-même à l'acquérir? Ce qui est vrai, c'est que le Roi avait été fort mal élevé, et qu'à peine lui apprit-on à lire et à écrire. Les défauts de sa première éducation furent en partie corrigés par l'usage du monde. Il fréquenta beaucoup, dans sa jeunesse, la maison de la comtesse de Soissons, où se réunissait la fleur de la cour, et c'est là qu'il prit

« cet air de politesse et de galanterie qu'il a si bien
su allier avec la décence et la majesté ». Mais le monde
ne donne pas tout; on prend surtout chez lui des
qualités d'extérieur et d'apparence ; l'étude peut
seule ajouter un fond solide à ces dehors agréables.
Louis XIV n'eut pas le temps d'étudier; il n'a jamais
ouvert un livre : « A quoi sert de lire? » disait-il un
jour au maréchal de Vivonne. De là vint pour lui,
dans ce monde si distingué, où les femmes mêmes se
piquaient d'être instruites, une sorte d'infériorité,
dont il avait le sentiment et qui le rendait très
réservé. Mme de Maintenon, si portée à l'admirer,
remarque pourtant que sa conversation était courte,
et Spanheim, qu'elle n'avait rien de brillant. Mais
s'il était moins habile que d'autres à aiguiser des
pointes, il disait toujours ce qu'il fallait dire, il trouvait le mot juste, et c'est le genre d'esprit qui convient à un Roi.

La sécheresse du cœur ne peut se nier : Saint-
Simon en donne les preuves les plus curieuses. Il
le montre dans son intérieur, avec ses plus intimes,
imposant despotiquement ses goûts à tout ce qui
l'entoure, ne se gênant jamais pour personne et for-
çant tout le monde à se gêner pour lui. Il le fait voir
voyageant dans ces immenses carrosses, remplis
des plus grandes dames de la cour, où c'était un
si grand honneur et une si grande fatigue d'entrer.
« Le Roi, qui aimait l'air, en voulait toutes les
glaces baissées et aurait trouvé fort mauvais que
quelque dame eût tiré le rideau contre le soleil, le

vent ou le froid : il ne fallait seulement pas s'en apercevoir, ni d'aucune autre sorte d'incommodité. Se trouver mal était un démérite à n'y plus revenir. » Les princesses de sa maison, celles qui lui tenaient le plus près, n'échappaient pas à ses tyrannies. Malades, enceintes, à peine relevées de couche, elles devaient se mettre en grand habit, le suivre à Compiègne ou à Fontainebleau, être de toutes les fêtes. Quand il se portait bien, personne autour de lui n'avait le droit d'être malade et de déranger ses projets. On connaît l'histoire du bassin des carpes de Marly et la réponse cruelle du Roi à qui l'on venait d'annoncer la fausse couche de la duchesse de Bourgogne qui s'était blessée en voulant le suivre. Ces dures paroles causèrent une telle surprise, un tel scandale, même parmi les plus bas courtisans, qu'il se fit un silence « à entendre une fourmi marcher ». Saint-Simon, qui a raconté la scène d'une façon saisissante, conclut en disant : « J'examinai, moi, tous les personnages, des yeux et des oreilles, et je me sus gré d'avoir jugé depuis longtemps que le Roi n'aimait et ne comptait que lui et était à soi-même sa fin dernière ».

Comme Roi, il l'accuse de n'avoir jamais eu d'autre préoccupation que de ne partager son pouvoir avec personne. « Son autorité était son idole. » C'est, selon lui, ce qui explique toute sa politique intérieure. « Soyez le maître, disait-il au duc d'Anjou, qui allait régner sur l'Espagne; écoutez, consultez votre conseil, mais décidez. Dieu, qui vous a fait

Roi, vous donnera les lumières qui vous sont nécessaires, tant que vous aurez de bonnes intentions. »
Malheureusement n'est pas le maître qui veut : le
pauvre Philippe V s'est laissé mener toute sa vie.
Et Louis XIV lui-même a-t-il toujours suivi pour
son compte le conseil qu'il donnait à son petit-fils ?
« Gouverner par lui-même, répond Saint-Simon,
fut la chose dont il se piqua le plus, dont on le loua
et le flatta davantage, et qu'il exécuta le moins. » Il
voudrait nous faire croire qu'il a été toute sa vie la
dupe de ses ministres, qu'ils avaient l'art de lui persuader qu'il imaginait lui-même ce qu'ils lui suggé-
raient, qu'ils le faisaient tomber à tout moment dans
les pièges les plus grossiers, et qu'il les suivait
docilement, quand il pensait les conduire. Assurément Saint-Simon exagère : comment supposer que
Chamillart ou Voysin, si timides, si tremblants
devant le Roi, auraient jamais eu de telles audaces ?
Seul Louvois a pu quelquefois se le permettre : il
avait le tempérament d'un premier ministre. Aussi
Louis XIV avait-il fini par le trouver insupportable,
et il est mort à la veille d'être disgracié.

Dans tous les cas, Saint-Simon a raison de dire
que c'était son ambition ou, si l'on veut, sa vanité,
de gouverner par lui-même et d'exercer seul son
autorité. Cette pensée l'a guidé dans le choix de ses
ministres. Quand il a perdu ceux que Mazarin lui
avait laissés, et qui par leur âge et leurs services
s'imposaient à lui, il a paru soulagé. Il les a remplacés par leurs fils, des jeunes gens, qu'il se flattait

de conduire à son gré. Après eux, il n'a pris que des
gens médiocres, des commis, qui ne faisaient que sa
volonté. C'est aussi la raison qui le détourna de con-
fier les ministères à des grands seigneurs : comme
ils avaient une situation, un nom, un entourage, des
parents, des amis, qui les soutenaient, il sentait bien
qu'il lui serait moins facile de les dominer. Tout ce
qui avait une existence en dehors de lui lui faisait
ombrage : « Il ne voulait de grandeur que par éma-
nation de la sienne; toute autre lui était odieuse ».
Et c'est ainsi qu'en élevant sans cesse les parlementaires, les bourgeois, les gens de robe et de finance,
dont il croyait n'avoir rien à craindre, en n'accor-
dant guère à la noblesse que des charges de cour,
qui la ruinaient sans lui donner aucune puissance
réelle, il mit tout le monde sous le même niveau, ou,
pour employer le mot de Saint-Simon, « sous le
même pressoir », et fit de tous, grands et petits,
« un vil peuple, en toute égalité ». C'est à peu près
dans les mêmes termes que s'exprime un pamphlé-
taire du temps, dans un de ces écrits qui venaient
de Hollande, et formaient l'opinion européenne :
« Dans le gouvernement présent, tout est peuple.
L'autorité royale est montée si haut que toutes les
distinctions disparaissent, toutes les lumières sont
absorbées; car, dans l'élévation où s'est porté le
monarque, tous les humains ne sont que la pous-
sière de ses pieds. » Détruire, ou du moins ébranler
l'ancienne hiérarchie sociale, établir l'égalité dans la
soumission, c'était vraiment instituer un régime nou-

veau. Nous savons aujourd'hui quelles devaient être
les dernières conséquences de ce régime. Tocqueville
nous les fait bien connaître quand il place Louis XIV
au premier rang des précurseurs de la Révolution
française. La violence des attaques de Saint-Simon
contre le Roi et sa politique semble bien prouver
qu'il en avait aperçu quelque chose, ce qui fait honneur à sa perspicacité.

Si nous voulions nous donner le plaisir de voir
comment les mêmes faits peuvent changer d'aspect
suivant le côté d'où on les regarde, nous n'aurions
qu'à comparer les *Mémoires* de Saint-Simon au
Siècle de Louis XIV de Voltaire. Quoiqu'ils aient travaillé souvent sur les mêmes documents et consulté
les mêmes personnages, rien ne diffère plus que la
façon dont ils jugent le Roi. Ce qui indigne l'un est
précisément ce qui cause à l'autre l'admiration la
plus vive. Cette tendance à égaler toutes les classes
de la nation sous l'autorité royale, Voltaire l'aperçoit
comme Saint-Simon, mais au lieu de la blâmer, il y
applaudit. Je ne sais s'il en a bien aperçu les conséquences politiques; elles l'auraient peut-être un peu
effrayé, car, en politique comme en littérature, il était
conservateur; mais il est charmé des effets qu'elle a
produits pour la vie sociale en France : c'est de ce
relâchement des règles de l'ancienne hiérarchie, de
ce mélange des diverses conditions qu'est sortie la
société française du xviiie siècle. Voltaire, dont elle
est le milieu véritable, en a fait un tableau séduisant
qui est une des belles pages de son livre. Autrefois,

dit-il, chacun était enfermé dans son état, et chaque
état se reconnaissait à ses défauts. « Les militaires
avaient une vivacité emportée, les gens de justice
une gravité rebutante, à quoi ne contribuait pas peu
l'usage d'aller toujours en robe, même à la cour. Il
en était de même des universités et des médecins. »
Tout est changé; en renonçant au costume, il semble
qu'on ait aussi quitté l'esprit particulier de sa profession. Tout le monde se rapproche; les qualités
des hautes classes se communiquent aux autres; la
politesse qui était le privilège de quelques hôtels
pénètre jusqu'au fond des boutiques. « L'extrême
facilité introduite dans le commerce du monde, l'affa-
bilité, la simplicité, la culture de l'esprit, ont fait de
Paris une ville qui, pour la douceur de la vie, l'emporte probablement de beaucoup sur Rome et sur
Athènes dans le temps de leur splendeur. » Voilà
pourquoi les étrangers y affluent; ils viennent y
goûter les agréments d'une vie libre, aisée, dont ils
n'avaient pas l'idée; ils sont heureux de fréquenter
ces sociétés où les rangs sont mêlés, où personne
n'apporte les préjugés de sa condition, où chacun ne
vaut que par son mérite; et ils s'en retournent dans
leur pays avec l'éblouissement de ce monde qu'ils
ont entrevu et dont ils essaient d'introduire chez
eux une image fort imparfaite. C'est ainsi que la
France est devenue le modèle de toutes les autres
nations.

Saint-Simon, on le comprend, parle d'un autre
ton. Tout ce que Voltaire célèbre lui déplaît et l'ir-

rite. L'affluence des étrangers, dont on est si fier,
ne le flatte guère : « Quel bon pays, dit-il, est la
France, à tous les escrocs, les aventuriers et les
fripons! » Il a remarqué, lui aussi, comme un indice
grave, que chacun renonce au costume de sa profession. L'exemple vient des ministres qui ont quitté
le manteau, le rabat, l'habit noir, l'uni, le simple,
le modeste, et se sont habillés comme les gens de
qualité. Il est suivi par les conseillers d'État, les
intendants de finance, les magistrats qui se permettent de porter le velours, « puis il gagne les
avocats, les médecins, les notaires, les marchands,
les apothicaires, et jusqu'aux gros procureurs ».
C'est le signe extérieur d'une horrible confusion
qui le désole; il la regarde « comme une image de
l'enfer, où nul ordre ne règne ». En 1712, lorsqu'il
écrivait dans le silence les *Projets de rétablissement
du royaume de France*, il espérait encore qu'on
pourrait guérir « ces légers Français de cette lèpre
d'usurpation et d'égalité », mais au moment où il
rédige ses *Mémoires*, il ne se fait plus aucune illusion; il se sent vaincu; il se regarde comme un
homme du passé, « il se répute mort et sa dignité
éteinte ». S'il continue, par désœuvrement, par
habitude, à faire des recherches sur les grandes
maisons de France, et à s'occuper des privilèges
des ducs et pairs, il sait bien que personne ne le
lira, et qu' « il écrit pour la beurrière ». Mais en
reconnaissant sa défaite, il ne s'y résigne pas; il
se retourne avec colère contre celui dont tout le

mal lui semble venir. Les années qui se sont écou-
lées depuis qu'il est mort n'ont rien diminué de son
ressentiment. Outre que ce n'est pas son habitude
d'oublier et de pardonner, le spectacle, qu'il a
chaque jour sous les yeux, de ce monde où tous
les rangs sont mêlés, « où personne ne se connaît
plus », ce spectacle qui fait la joie de Voltaire,
ranime sans cesse sa haine et l'entretient dans sa
fraîcheur. Voilà ce qui explique qu'il ait traité si
durement Louis XIV.

Il lui arrive pourtant aussi quelquefois d'être
juste, et nous devons lui en savoir gré : il loue en
termes émus la fermeté du Roi pendant ses dernières
épreuves, « ce soin toujours le même de tenir tant
qu'il pouvait le timon, cette espérance contre toute
espérance, ces dehors du même Roi en toute chose » ;
et il ajoute : « C'est ce dont peu d'hommes auraient
été capables, c'est ce qui aurait pu lui mériter ce
nom de *Grand*, qui lui avait été si prématuré ».
Même quand il veut le rabaisser, il n'y réussit pas
complètement ; la figure reste grande, malgré le
peintre. En présence du portrait malveillant qu'il
en a fait, on ressent encore quelque chose de l'impression que causait, dit-on, l'original. Je ne puis
le regarder, dans cette image peu flattée, sans que
ces mots de Saint-Simon me reviennent à l'esprit : « Jamais homme n'a tant imposé ». Cette
rayonnante figure, quelque effort qu'il ait fait pour en
éteindre l'éclat, est peut-être ce qui donne tant d'intérêt à la première partie de ses *Mémoires*. On s'en

aperçoit bien, quand il a disparu. L'ouvrage alors
semble perdre son unité; il n'y a plus de centre
autour duquel tout se groupe; l'attention va d'un
personnage à l'autre, sans se fixer sur aucun; l'importance des événements paraît diminuée; les acteurs
sont toujours très nombreux, et pourtant la scène
semble souvent vide. N'est-ce pas un hommage que
l'auteur a rendu sans le vouloir à la grandeur de
Louis XIV?

TROISIÈME PARTIE

SAINT-SIMON ÉCRIVAIN

CHAPITRE I

CARACTÈRE PARTICULIER DE L'ÉCRIVAIN

Saint-Simon n'a pas conquis sa réputation de grand écrivain en un jour. On a vu que, de son temps, il n'était tenu que pour un fureteur de vieilles histoires. On savait qu'il écrivait beaucoup, mais sur des questions de généalogie et de préséance qui n'étaient pas de nature à intéresser le public. Cependant on avait remarqué que, même dans les ouvrages de ce genre, il n'écrivait pas comme tout le monde. En 1728, un factum anonyme qu'il avait adressé au Régent pour défendre les ducs et pairs ayant été découvert par hasard et publié, un ami du parlement qui entreprit d'y répondre reconnut du premier coup la main de Saint-Simon. « Il est inutile, disait-il, qu'il le désavoue. Son style laconique, sec, dur, bouillant, inconsidéré, lui ressemble

trop pour qu'on puisse s'y méprendre. Il ne peut
être imité par personne. » Voilà la première appréciation qu'on rencontre de sa façon d'écrire, et par
quelques côtés elle est assez exacte.

Il ne s'agissait encore que de dissertations sur
quelques prérogatives des ducs ou des grands officiers de la couronne; on ne savait pas qu'il eût écrit
autre chose. C'est seulement après sa mort, et à
propos de son testament, que l'existence des *Mémoires*
fut révélée au public. Il avait légué ses manuscrits
à l'évêque de Metz, son cousin; mais quand l'évêque
se présenta pour en prendre possession, les créanciers refusèrent de les livrer. Il fallut plaider. L'avocat
Moreau, pour justifier l'insistance que mettait son
client à revendiquer sa part de l'héritage, fit l'éloge
du défunt, parla « de cette sorte de génie, qui le
rendait capable des grandes affaires, de cet esprit
de citoyen, qui lui faisait rapporter au bien public
ses études et ses recherches, de cette liberté de
penser et d'écrire qui, le mettant au-dessus du vul-
gaire, l'a souvent obligé de cacher au public des
idées grandes et utiles, qu'il ne confiait qu'à ses
plus intimes amis »; puis il ajoute que, « comme il
mettait tout à profit pour la patrie, il avait employé
son loisir à rappeler, dans des *Mémoires secrets*, les
événements qui s'étaient passés sous ses yeux et
dont il avait été plus à portée que personne de
pénétrer les ressorts et les causes ». Cette manière
de présenter les *Mémoires* au public comme une
œuvre patriotique et utile au pays était propre à

éveiller l'attention générale et à donner une certaine impatience de les connaître.

Cette impatience ne devait pas être satisfaite de longtemps. Cinq ans après, le procès durait encore et ne paraissait pas près de finir (la justice alors n'avait pas l'habitude de se presser), lorsque le duc de Choiseul, se rappelant à propos que Saint-Simon avait été membre du conseil de régence et ambassadeur en Espagne, fit saisir tous ses papiers, sous prétexte qu'ils pouvaient contenir des secrets d'État. Ils furent enfermés aux archives des Affaires étrangères, où quelques privilégiés seuls eurent l'autorisation de les entrevoir. Ses *Mémoires* y sont restés soixante-dix ans, jusqu'au jour où le roi Louis XVIII les rendit au général de Saint-Simon, petit-neveu de l'auteur. Quant à ses autres écrits, il y a quelques années à peine qu'il est permis de les consulter.

Faut-il le plaindre d'avoir été délivré si tard de sa prison? je ne le crois pas. Il a paru à son heure; un peu plus tôt, il eût couru le risque d'être mal apprécié. On aurait été sans doute rebuté des libertés qu'il prend avec la grammaire, de la longueur de ses phrases, de la trivialité de quelques-unes de ses expressions. C'étaient des défauts auxquels on était alors très sensible ; on avait le goût si chatouilleux que ces vices de forme auraient empêché de voir les mérites du fond. Heureusement pour lui, il parut au moment où l'école romantique commençait à être dominante. On se moquait des scru-

pules des puristes ; un style un peu dérangé et
décousu n'était pas pour déplaire. On voulait du
nouveau et l'on mettait les œuvres originales au-
dessus de toutes les autres. Le moment était à souhait pour Saint-Simon et il est clair que ces dis-
positions du public ont dû singulièrement aider au
succès de son ouvrage.

Je ne veux pas dire que ce soit un succès d'occasion et qui risque de ne pas durer. La place que
Saint-Simon a conquise du premier coup dans notre
littérature, il la gardera. C'est une place à part, et
qu'il occupe presque seul. Il a, parmi nos grands
écrivains, une physionomie particulière, et il nous
donne, quand nous le lisons, des sensations auxquelles nous ne sommes pas accoutumés. Le génie
français a naturellement le goût de la méthode, de
la mesure, de la règle ; nous aimons avant tout ceux
qui suivent une route moyenne entre les extrêmes,
qui composent bien, qui savent écrire ; ces qualités
sont de celles qui s'acquièrent ordinairement par
l'éducation et se conservent par le travail. Aussi
La Bruyère, irrité contre la vanité de certains personnages, qui se permettaient d'écrire sans l'avoir
appris, soutenait-il que « c'est un métier de faire
un livre, comme de faire une pendule ». Horace
l'avait dit avant lui, et ils ont raison tous les deux
en principe, ce qui n'empêche pas que, parmi les
écrivains de métier, on est heureux de rencontrer
quelqu'un qui écrive de nature, sans procédé, sans
études, comme il sent et comme il pense. Au milieu

de ces belles allées si bien ratissées et alignées, ce petit coin sauvage, où l'herbe pousse en liberté, nous plaît par le contraste; on s'y arrête volontiers et l'on s'y repose. C'est le secret du plaisir que nous trouvons à lire Saint-Simon. Son originalité nous charme d'autant plus qu'elle n'a rien de factice et de cherché; loin de s'en glorifier, il s'en excuse. Il aurait bien voulu, nous dit-il, prendre le temps de mieux écrire, mais il ne l'a pas pu, « emporté qu'il était par la matière, et peu attentif à la manière de la rendre, sinon pour la bien expliquer ». C'est un grand bonheur qu'il n'ait pas mieux soigné son style. Il ne nous plairait pas autant, nous lui trouverions moins de saveur et de vérité, si les idées et les sentiments qu'il exprime avaient passé par un cerveau d'écrivain qui les aurait vêtues de phrases toutes faites et jetées dans le moule commun. Au moins tout ce qu'il nous donne vient directement de lui.

C'est donc lui qu'on voit à toutes les pages. Il est dans ses *Mémoires* ce qu'il était dans sa vie ordinaire; il écrit comme il devait parler, quand il parlait sans contrainte. Je me figure que ceux qui vivaient familièrement avec lui, s'ils pouvaient le lire, croiraient le voir et l'entendre. Ils nous disent qu' « il était vif, impétueux et même excessif; qu'il exprimait fortement ses idées dans la conversation, qu'il se servait de termes propres à ce qu'il voulait dire, sans s'embarrasser s'ils étaient bien français ». C'est ainsi qu'il écrit, toujours vif et impétueux,

trop souvent excessif, peu soucieux des négligences
de style, pourvu qu'il exprime sa pensée dans toute
sa force. Beauvillier lui disait un jour, dans un de
ces entretiens où ils échangeaient quelquefois des
vérités assez dures, que « tout ce qui lui passait par
la tête, il croyait le voir ». Le mot n'est pas tout à
fait juste ; il ne croyait pas le voir, il le voyait réellement. La force et la netteté de son imagination
sont incroyables. Quand il veut décrire ce qu'il a
connu dans le passé, même dans un passé fort loin-
tain, les événements et les hommes posent devant
lui. Il ne se souvient pas, il regarde, et tout, sous
sa plume, se remet à vivre.

Il lui arrive même de peindre ce qu'il n'a pas vu,
ce qui n'a jamais existé, de se le figurer à lui-même,
et de nous le représenter avec des traits si précis
que nous croyons le voir. Il n'y a rien de plus curieux en ce genre que la manière dont il parle de
ces fameux États généraux qu'il conseillait au duc
d'Orléans de réunir après la mort de Louis XIV
pour déposséder les princes légitimés. Il s'agissait
d'enlever l'affaire rondement et de couper court à
toute résistance. Saint-Simon a tout préparé dans
son esprit, tout disposé d'avance pour le succès. Il
nous développe son plan avec des détails si précis,
d'une façon si vivante, qu'on dirait que ce n'est pas
un conseil qu'il donne pour l'avenir, mais le récit
qu'il fait d'un événement passé. — La cour doit être
à Marly, « où le salon est vaste, commode, dégagé
de quatre côtés », très propre à donner des audiences

aux députés des États. Les États siègent près de
Marly, à Saint-Germain. Dès qu'ils sont réunis, ils
votent d'enthousiasme ce qu'on leur propose. Le
vote achevé, ils veulent en apporter au Roi le résultat. Les carrosses se trouvent prêts, rassemblés de
différents côtés, comme par hasard, sous divers
prétextes. On y monte; on arrive à Marly, près de
la chapelle, où l'on met pied à terre. Le Régent va
au-devant des députés, le Roi les reçoit, puis il les
quitte, puis il revient, quand le conseil a délibéré
sur leurs propositions. Toutes ces allées et venues
sont si exactement décrites qu'on ne doute pas qu'il
ne les ait devant les yeux : il ne prévoit pas, il voit.
C'est ce qui lui donne une confiance si robuste dans
le succès des projets qu'il a formés : comment en
douterait-il, quand son esprit les lui montre par
avance réalisés ? Cette disposition est assurément
très fâcheuse pour un homme d'État, qui doit rester
calme, maître de lui, et résister à toutes les chimères
que son imagination lui présente. Mais Saint-Simon
n'a jamais été qu'un homme d'État médiocre; et nous
ne devons pas le regretter, si, comme je le pense,
c'est à ce prix qu'il est devenu un si grand écrivain.
Il semble en effet que, par une bonne fortune singulière, les défauts qui nuisaient chez lui à l'homme,
à l'historien, au politique, soient pour l'écrivain une
source de qualités. Cette vivacité d'impression, ces
exagérations, ces violences, devaient le rendre souvent un ami peu commode, et, quand il parlait des
autres, troubler l'équité de ses jugements ; mais, en

revanche, comme elles animent tous ses récits et
colorent tous ses tableaux! Cette étrange facilité à
se figurer les hommes et les choses et à les voir
comme on le souhaite est un danger pour un politique et un historien; mais n'est-ce pas elle qui,
en lui mettant sous les yeux tout ce dont il parle,
a fait de lui un peintre incomparable?

CHAPITRE II

LES PORTRAITS ET LES RÉCITS DANS SAINT-SIMON

Ce qui prouve à quel point l'imagination était sa qualité maîtresse, c'est que les parties de son œuvre où il se contente de raisonner sont les moins agréables à lire. Quand il expose ses théories politiques ou discute celles des autres, sa phrase s'allonge, s'épaissit, s'embourbe, les incises se multiplient, l'idée se trouble, et c'est à peine si cette brume est traversée de temps en temps par quelques éclairs de passion. Mais tout son talent lui revient dès qu'il s'agit de raconter les événements ou de peindre les hommes.

Comme peintre de portraits, personne, chez nous, n'égale Saint-Simon. On voit bien qu'il appartient à une époque où l'habitude de vivre ensemble a donné celle de s'observer, qu'il a fréquenté ces sociétés charmantes où se réunissaient des gens de tant d'esprit, où la connaissance de l'homme et la science de la vie ont fait tant de progrès. Ses *Mémoires* sont

comme une galerie où nous retrouvons tous les personnages importants de ce siècle accrochés à leur
place. Quelquefois c'est à peine une esquisse, et
deux mots lui suffisent pour que la figure ne sorte
plus de notre souvenir. De l'évêque de Noyon,
d'Aubigné, il nous dit qu' « il est crasseux et huileux
à merveille ». Il appelle le maréchal d'Humières, si
majestueux et si vide, « un étui de sage de la Grèce »,
et Bezons, « une grosse tête, que les sots prennent
pour une bonne tête ». Pour peindre la duchesse
d'Orléans, si fière de sa naissance, si méprisante
pour le reste des humains, il se contente de dire
qu' « elle était petite-fille de France, jusque sur sa
chaise percée ». Le plus souvent il attrape quelque
signe extérieur, un trait du visage, un détail de la
taille où de la tournure, une ressemblance grotesque,
et en quelques coups de pinceau le portrait est fait
et parfait. Mme de Gesvres était « une espèce de fée
grande et maigre, qui marchait comme ces grands
oiseaux qu'on appelle des demoiselles de Numidie ».
La maréchale de Luxembourg ressemble d'air, de
visage et de maintien « à ces grosses vilaines haren-
gères, qui sont dans un tonneau, avec leurs chauf-
ferettes sous elles ». Cet homme de si bonne compagnie, et qui a fréquenté toute sa vie des gens si
distingués, a quelquefois des touches un peu grossières, et il est remarquable que ce soit surtout dans
la peinture des femmes qu'il se permet ces libertés.
La fille du président de Mesmes est « rousse comme
une vache »; la princesse d'Harcourt, « une grande

et grosse créature, fort allante, couleur de soupe au lait, a de grosses et vilaines lippes, et des cheveux de filasse toujours sortants et traînants ». Je ne vais pas plus loin; ce qui suit rappelle trop certaines descriptions de Rabelais.

D'ordinaire les portraits, dans Saint-Simon, sont développés avec complaisance. Quand il veut peindre quelqu'un qui l'intéresse et qui mérite d'être connu, il s'arrête et prend ses aises. Il nous décrit alors successivement son visage et son caractère, ses qualités et ses défauts, ses défauts plus que ses qualités, car, comme on l'a vu, c'est un peintre qui ne flatte pas ses modèles. Il procède volontiers par retouches superposées; les traits s'ajoutent les uns aux autres, et sa mémoire lui fournit sans cesse quelques détails nouveaux. Quand il n'aime pas celui qui pose devant lui, ce qui lui arrive souvent, on sent qu'il s'excite et que sa colère monte, à mesure qu'il le regarde : ainsi de M. le Prince, le fils du grand Condé, dont il finit par dire : « Fils dénaturé, cruel père, mari terrible, maître détestable, pernicieux voisin, sans amitié, sans amis, incapable d'en avoir, jaloux, soupçonneux »; et il continue encore quelque temps sur ce ton. Mais il est aussi quelquefois plus calme et plus doux; il lui arrive de se dérider et de sourire. Quoiqu'il soit sérieux et dur de son naturel, il y a des figures qui l'ont égayé, d'autres qui l'ont attendri : Mme de Castries, par exemple, « un quart de femme, une espèce de biscuit manqué, qui aurait passé dans un médiocre anneau, l'air toujours en peine et étonné », mais si agréable, si instruite, « si amoureuse de l'esprit » ; l'abbesse de Fontevrault, la sœur de Mme de Montespan, plus spirituelle encore et plus séduisante qu'elle, et l'aimable duchesse de Bourgogne, qui jeta un dernier rayon de joie dans cette cour assombrie. Il faudrait citer aussi quelques portraits d'hommes, auxquels il a rendu pleine justice, comme Vauban et Boufflers ; et ces figures de second plan, Chamlai, Courtin, Des Aguets, Puységur, auxiliaires dévoués des Colbert et des Louvois, hommes d'honneur et de devoir, que l'histoire risquait d'oublier, et qu'il a remis à leur place. Quand on a vu la façon dont il les traite, on trouve qu'il n'est pas exact de dire, avec Nisard, qu'il ne savait pas admirer.

Ces portraits sont-ils parfaitement ressemblants ? il est difficile de l'affirmer aujourd'hui que les originaux n'existent plus. Ce qu'on peut dire, c'est qu'ils nous font l'effet de l'être. Il y a des marques où l'on reconnaît les peintures de fantaisie. On dit d'un portrait de maître qu'il doit ressembler quand le modèle semble apparaître derrière la figure. Ceux de Saint-Simon ont un air de vérité et de vie qui nous donne confiance en sa sincérité. Il a vu souvent les gens sous un jour défavorable, mais il les a peints comme il les voyait. Sur ces visages, qu'il fait passer devant nous, nous remarquons d'abord le signe particulier qui distingue l'individu et ne convient qu'à lui, puis ces traits plus généraux qui le rattachent à l'espèce d'hommes à laquelle il appartient : ils sont eux-mêmes, et beaucoup d'autres avec eux ; ce sont des portraits et des types. Voici par exemple le duc de Chevreuse, un savant, un homme d'État, un sage. Il avait pourtant un défaut, un seul, mais grave : « il était sujet à raisonner de travers » ; et, comme il se piquait surtout d'être un grand logicien, rien ne l'aurait fait revenir, quand il était parti d'un principe faux : il tenait à honneur d'aller jusqu'au bout. Il s'enchantait lui-même de la rigueur de ses déductions ; plus il s'égarait, plus il était content de lui. Il était rare que, dans le conseil, il ne soutînt pas la plus mauvaise opinion, et une fois qu'il s'y était rangé, il n'en voulait plus démordre. « C'est ce qui lui arriva dans la conduite particulière de ses affaires domestiques, qu'il crut sans cesse augmenter, puis raccommoder, et qu'il détruisit géométriquement, par règles, par démonstrations », si bien qu'il fut entièrement ruiné, et que Mme de Chevreuse, sans une pension du Roi, serait morte de faim. Cette histoire est celle de bien d'autres : que nous en connaissons de ces géomètres, de ces logiciens à outrance, de ces gens à principes, qui raisonnent ou déraisonnent comme le duc de Chevreuse ! Et le maréchal de Villeroy : quelle figure singulière et amusante ! Toutes les fois qu'il apparaît dans les *Mémoires*, prenant de grands airs, piaffant et secouant sa perruque, il met Saint-Simon en joie. « C'était un homme fait exprès pour présider à un bal, pour être le juge d'un carrousel, et, s'il avait eu de la voix, pour chanter à l'Opéra les rôles de roi et de héros ; fort propre

encore à donner les modes, et à rien du tout au
delà. » L'intérêt du personnage pour nous, c'est
qu'il représente à merveille toute une classe d'hommes
qui devaient être fort nombreux, ceux qui, sans rien
savoir, sans posséder aucun talent d'aucune sorte,
à force de vivre dans les sociétés polies, en avaient
pris les manières et le langage, et, grâce à cette
routine, faisaient de loin bonne figure. Aujourd'hui
encore nous sommes dupes de ces apparences, et,
si nous n'avions pas Saint-Simon, nous pourrions
être tentés de croire qu'il n'y avait que des gens d'esprit autour de Louis XIV. Heureusement il les a
connus et nous les fait connaître. Il nous montre
que, si on leur ôte ce vernis léger dont ils s'étaient
recouverts, il ne leur reste plus rien. « Il avait, nous
dit-il de Villeroy, cet esprit de cour et du monde
que le grand usage donne, et que les intrigues et les
vues aiguisent, avec ce jargon qu'on y apprend, qui
n'a que le tuf, mais qui éblouit les sots, et dont la
fatuité suprême faisait tout le fond…. Nulle chose que
des contes de cour, d'aventures, de galanteries;
nulle lecture, nulle instruction, ignorance crasse sur
tout, plates plaisanteries, force vent et parfait vide. »
Les gens comme Villeroy ne se soutiennent que par
la faveur du maître et s'évanouissent dès qu'ils l'ont
perdue. Deux images ont suffi à Saint-Simon pour
le dépeindre avant et après sa disgrâce. Quand enivré
de la confiance du Roi il va prendre le comman-
dement de l'armée, il fait le vide autour de lui et
« pompe l'air comme une machine pneumatique ».

Au retour de Ramillies, « ce n'est plus qu'un ballon vidé dont tout l'air qui l'enflait est sorti ».

Les récits sont faits d'ordinaire comme les portraits. Là aussi, Saint-Simon procède par larges touches. Il ignore ces artifices d'écrivain qui consistent à grouper ensemble les faits de même nature, à omettre ou abréger certains détails, pour donner au reste plus de relief; lui nous dit tout ce qu'il a vu, et au moment même où il se souvient de l'avoir vu. Heureusement la passion anime ces procès-verbaux minutieux. Sans elle, nous serions rebutés par la multitude de détails qu'il accumule; mais il sait nous communiquer l'intérêt qu'il a pris au spectacle et nous allons jusqu'au bout. Je ne parlerai pas du fameux récit de la mort de Monseigneur; c'est un chef-d'œuvre que tout le monde connaît : il n'a d'ailleurs qu'une quarantaine de pages. Celui du lit de justice du 26 août 1718 est beaucoup plus long; avec les préparatifs et les suites, il remplit un demi-volume. Aujourd'hui cette étendue ne nous paraît plus répondre à l'importance réelle de l'événement; mais pour Saint-Simon, c'était une très grave affaire, la revanche de près de trente ans d'humiliations, la seule satisfaction entière, sans mélange d'amertume, sans trouble et sans regret, qu'il ait goûtée de sa vie. Songez qu'il s'agissait d'abaisser le parlement, de rendre aux ducs et pairs le rang de leur pairie, de détruire tout ce qu'avait fait le Roi, dans les derniers temps de sa vie, lorsque étroitement enfermé « entre sa vieille et son bâtard », il

avait comblé les légitimés d'honneurs scandaleux !
Saint-Simon s'est jeté dans l'entreprise avec tant de
zèle qu'il nous y entraîne avec lui. Cependant les
intérèts qui se débattaient alors nous sont devenus
bien étrangers ; la victoire du Régent sur le parlement et le duc du Maine nous importe médiocrement.
Qu'est-ce que ce coup d'État anodin contre un prince
irrésolu, capable tout au plus de quelques intrigues
obscures, et des magistrats qui prenaient peur à
la première menace, à côté des grandes scènes de la
Révolution ? Nous avons vu d'autres journées, et
·d'un intérêt bien plus terrible, depuis que le peuple
s'est mis de la partie. N'importe ; Saint-Simon nous
gagne peu à peu à son émotion, nous le suivons sans
trop de fatigue dans ces longues conférences où
l'affaire fut préparée ; le matin, nous nous réveillons,
comme lui, au son du tambour des gardes françaises
et au bruit des troupes qui se rassemblent ; nous
partageons ses inquiétudes, au moment où l'on se
demande si le parlement convoqué aux Tuileries ne
refusera pas de s'y rendre ; nous sommes joyeux,
comme lui, quand les conseillers, en robes rouges,
deux à deux, débouchent sur la place ; nous assistons
enfin à la scène du lit de justice, qu'il nous raconte
tout entière, sans nous faire grâce du moindre incident. « J'eus la satisfaction, dit-il, que rien ne
m'échappa ; j'ai la douleur de ne le pouvoir rendre. »
La douleur est de trop, car il a tout décrit d'une
façon merveilleuse ; pas un mot, pas un geste ne
sont omis. Il note l'attitude de tout le monde, la sur-

prise des indifférents, l'air de triomphe des victorieux, l'anéantissement des vaincus ; il nous montre
surtout le premier président, « ce scélérat », comme
il l'appelle, « qui grince les dernières dents qui lui
restent », qui s'affaisse sur son bâton, et qui, à un
moment, se démonte tellement le visage, que son
menton semblait être tombé sur ses genoux : « un
moins malhonnête que lui en serait crevé ».

Et lui-même, avec quelle passion, quelle plénitude de contentement, il nous dépeint tous les sentiments qui l'agitent, son plaisir, quand il entend lire
la déclaration qui remet les ducs et pairs à leur
place, « lecture qu'aucune musique ne pouvait égaler
à son oreille », et les efforts qu'il est obligé de faire
pour rester calme ! « J'avais mis, dit-il, sur mon
visage, une couche de plus de gravité et de modes-
tie » ; et cette couche, il est obligé de la rafraîchir à
chaque instant, tant sa joie lui échappe malgré lui,
tant il souffre d'être obligé de la modérer et de ne
pouvoir la communiquer à personne. Il a dit ailleurs, dans une occasion semblable : « J'étouffais de
silence ». Ses expressions sont encore plus fortes
ici : « Je suais d'angoisse de la captivité de mon
transport, et cette angoisse même était d'une volupté
que je n'ai jamais ressentie ni devant, ni depuis ce
beau jour ». Mais il faut reconnaître que s'il s'est
cru obligé de se contenir en présence de ceux qui
assistaient à la scène, il s'est bien dédommagé depuis
avec la postérité. Dans son récit il s'abandonne sans
contrainte à la violence de ses sentiments et nous

montre son âme tout entière : « Ce fut là où je
savourai avec tous les délices qu'on ne peut exprimer, le spectacle de ces fiers légistes, qui osaient nous
refuser le salut;... mes yeux fichés, collés sur ces
bourgeois superbes, parcouraient tout ce grand banc,
à genoux ou debout, et les amples replis de ces four-
rures ondoyantes à chaque génuflexion longue et
redoublée, vil petit-gris, qui voudrait contrefaire
l'hermine en peinture, et ces têtes découvertes et
humiliées à la hauteur de nos pieds.... Moi, cependant, je me mourais de joie. J'en étais à craindre la
défaillance; mon cœur dilaté à l'excès ne trouvait
plus d'espace à s'étendre. La violence que je me
faisais pour ne rien laisser échapper était infinie, et
néanmoins ce tourment était délicieux. Je triomphais,
je me vengeais, je nageais dans ma vengeance; je
jouissais du plein accomplissement des désirs les
plus véhéments et les plus continus de toute ma vie;
j'étais tenté de ne plus me soucier de rien. » Ne
soyons pas trop surpris de ce délire de joie : Saint-
Simon a vécu tout le reste de sa vie du souvenir de
cette journée.

CHAPITRE III

PETITESSE ET GRANDEUR

C'est donc par l'accumulation des détails que Saint-Simon produit quelques-uns de ses plus grands effets. Voilà ce qui anime chez lui les portraits et les récits et leur donne par moments un si prodigieux relief; car enfin il n'y a que les faits qui soient vivants. Sainte-Beuve a bien raison d'appliquer à ces *Mémoires* le mot de Buffon à propos de la terre au printemps : « Tout y fourmille de vie ». Cependant l'emploi de ce procédé, lorsqu'on en abuse, peut avoir aussi quelques dangers. A la longue, cette abondance de petits faits entassés fatigue le lecteur, surtout s'ils sont mis, comme chez Saint-Simon, à peu près sur la même ligne. On a vu que la violence de sa passion le rend parfois incapable de distinguer les petites choses des grandes. Comme il ne sent jamais rien à demi, il est tenté d'attribuer à tout la même importance. C'est ce qui pouvait donner à ses

12

Mémoires un caractère de petitesse, si la grandeur
n'y venait par d'autres côtés.

Elle lui vint d'abord du temps où il a vécu et de
ce tour particulier dë sérieux et de gravité qui semble
propre aux gens du XVIIᵉ siècle. Je sais bien qu'il
nous faudrait mettre Saint-Simon parmi les écrivains
de l'époque suivante, si nous ne consultons que la
date de sa naissance et celle de sa mort. Quand le
XVIIIᵉ siècle a commencé, il n'avait que vingt-cinq
ans, et il est mort la même année que Montesquieu.
Il aurait donc pu lire les *Lettres persanes*, l'*Esprit des
lois* et la plupart des ouvrages de Voltaire; mais je
doute qu'il les ait seulement ouverts. Tout ce qu'il
sait de cet Arouet, dont il écrit le nom de travers (il
l'appelle *Volterre*), c'est qu'il était le fils de son
notaire, que son libertinage a fait sa fortune, et qu'il
est devenu, « à travers force aventures tragiques, une
manière de personnage dans la république des lettres et même une manière d'important dans un certain monde ». Son siècle ne l'a jamais sérieusement
entamé. Il n'a pas même eu besoin, pour lui échapper,
de se boucher les oreilles; malgré le bruit que faisaient les idées nouvelles, enfermé dans sa bibliothèque, au milieu de ses livres, avec ses souvenirs, il
n'entendait rien. Peut-être serait-on tenté de croire
qu'il doit la liberté de ses jugements à cet esprit nouveau qui, depuis quelques années, soufflait sur le
monde; mais on a vu qu'il jugeait le Roi pendant sa
vie aussi librement qu'après sa mort. Dès sa jeunesse,
toutes ses opinions, ou presque toutes, étaient arrê-

técs, et l'âge n'a fait que les enraciner en lui. Sa langue aussi était entièrement formée; dans sa lettre anonyme au Roi, on retrouve les phrases, les tours, les expressions, dont il n'a jamais cessé de se servir. Ainsi l'on peut dire que, quoique Saint-Simon ait vécu plus des trois quarts de sa vie pendant le xviiie siècle, il appartient réellement au xviie. Il n'est donc pas surprenant qu'il y ait pris ce caractère de grandeur, qui est la principale qualité des écrivains de ce temps.

La grandeur se trouve un peu partout chez lui, et souvent où on ne l'attendrait guère. Elle est surtout dans les passages où il parle de son pays. Ce n'était pas sans doute une nouveauté qu'un Français aimât la France, mais peut-être avait-on moins l'habitude de le dire avant l'époque de Saint-Simon. N'est-ce pas un des effets des premières victoires de Louis XIV et de l'éclat qu'elles ont jeté sur le jeune Roi et sur son royaume, d'avoir rendu ses sujets plus attachés à leur patrie et plus fiers d'en porter le nom? « Sous lui, dit Bossuet, la France a appris à se connaître »; et en se connaissant mieux, elle est devenue plus reconnaissante à ceux qui se sont dévoués pour elle. Une opinion publique se forme qui tient à honorer les bons serviteurs du pays. Le plus grand éloge que Saint-Simon puisse donner aux gens qu'il estime, c'est de les appeler des citoyens et des patriotes. Il félicite avant tout Puységur d'avoir « un cœur et un esprit citoyens »; il dit de Vauban : « Patriote comme il l'était, il avait toute sa

vie été touché de la misère du peuple ». Ces mots
sont nouveaux ou pris dans un sens qu'ils n'avaient
pas encore; ils désignent des qualités auxquelles
on commençait à donner plus d'importance. Saint-
Simon s'en sert comme d'une louange qu'il accorde
aux autres et qu'il pense bien mériter pour son
compte. Il affirme qu' « il a sans cesse préféré le bien
de l'État à toute autre considération, sans réserve, et
toujours à tout intérêt personnel ». Peut-être sera-t-on
tenté de rabattre un peu de cet éloge quand on se
souvient de la passion avec laquelle il a combattu
toute sa vie pour son rang et sa dignité, c'est-à-dire
pour ses intérêts personnels. Mais il était de ceux
qui se persuadent que ce qui leur est utile profite
aussi aux autres, en sorte qu'en travaillant pour eux-
mêmes ils croient sincèrement servir tout le monde.
A propos de la mort de Monseigneur, il fait cette
réflexion charmante que « sa délivrance particulière
lui paraissait si grande et si inespérée qu'il lui semblait avec une évidence parfaite que l'État gagnait
tout en une telle perte ». Il n'en est pas moins vrai
qu'il était tout à fait dévoué à son pays, fort zélé
pour sa gloire, très touché de ses malheurs, en
un mot « un vrai patriote », pour nous servir de
l'expression qu'il aime. Personne n'a été plus ému
que lui de la misère publique, à la fin du règne de
Louis XIV. Sa douleur est sincère et profonde, quand
il nous montre ces anciens riches, qui auparavant
soutenaient les autres, « réduits à briguer les hôpitaux, naguère la honte et le supplice des pauvres,

et les hôpitaux ruinés revomissant leurs pauvres
à la charge publique ». Au commencement de 1709,
quand Lille venait de capituler, il trace un tableau
de la triste situation de la France, en quelques traits
rapides et larges, qui rappellent les peintures de
Tacite : « Cependant tout périssait peu à peu, ou
plutôt à vue d'œil; le royaume entièrement épuisé,
les troupes point payées, et rebutées d'être toujours mal conduites, par conséquent toujours mal-
heureuses; les finances sans ressource, nulle dans
la capacité des généraux ni des ministres; aucun
choix que par goût ou par intrigue; rien de puni,
rien d'examiné ni de pesé; impuissance égale de
soutenir la guerre et de parvenir à la paix; tout
en silence, en souffrance; qui que ce soit qui osât
porter la main à cette arche chancelante et prête à
tomber. »

Une autre cause, et bien plus puissante, qui au
milieu de beaucoup de bavardages et de commérages
donne par moments à Saint-Simon un caractère surprenant de grandeur, ce sont ses sentiments religieux. En cela encore il est du XVIIᵉ siècle. Aussi les
gens du siècle suivant, parmi lesquels il vivait,
avaient-ils quelque peine à le comprendre. D'Argenson, qui ne l'aimait pas, l'appelle quelque part
« un petit dévot sans génie ». Ne parlons pas du
génie; de son temps on ne pouvait pas savoir qu'il
en eût; personne ne connaissait ses *Mémoires*. Quant
à dévot, il l'était sans doute, mais à sa manière, qui
n'est pas celle d'un fanatique, avec tant de sincérité

et d'indépendance qu'il me semble étonnant qu'on ait songé à le lui reprocher.

Dans sa jeunesse, Saint-Simon subit l'influence de M. de Rancé, qui le prévint contre Port-Royal. Il l'assura qu' « il n'y avait ni charité, ni paix, ni soumission parmi les vrais jansénistes, point de vérité, ni de bonne foi dans leur doctrine, beaucoup de hauteur, de dureté et de domination dans leur conduite »; et d'abord Saint-Simon le crut sur parole. À ce moment, il était lié avec les jésuites, et beaucoup plus qu'il ne lui plaît de le dire. Nous savons par les lettres de Mme de Maintenon qu'ils l'appuyèrent auprès du Roi, quand il fut question pour lui de l'ambassade de Rome et qu'ils faillirent la lui faire donner. En revanche, les bons pères croyaient si bien pouvoir compter sur lui qu'en 1713 le confesseur du Roi, le fameux Tellier, vint le consulter plusieurs fois sur la manière dont il pourrait faire recevoir en France la bulle *Unigenitus*, ce qui amena entre eux, nous dit Saint-Simon, des disputes « à s'arracher les yeux ». Il a décrit comme il sait le faire une des scènes qu'ils eurent ensemble à cette occasion. C'était à Versailles, dans son « trou d'entresol »; pour n'être pas dérangés, ils avaient fermé portes et fenêtres, et allumé des bougies. Il nous a dit précédemment que la figure de Tellier était ténébreuse, fausse, terrible, ses yeux ardents et de travers, et qu' « il eût fait peur, au coin d'un bois ». À ce moment, la contradiction le rendait plus effrayant encore. Pendant qu'il étalait avec une sorte de joie

sinistre le détail des mesures qu'il voulait prendre et
les violences sur lesquelles il comptait pour réduire
ses adversaires, Saint-Simon se sentit près de tomber
en syncope. « Je le voyais bec à bec, entre deux
bougies, n'y ayant du tout que la largeur de la table
entre deux. J'ai décrit ailleurs son horrible physionomie. Éperdu tout à coup par l'ouïe et par la vue,
je fus saisi, pendant qu'il parlait, de ce que c'était
qu'un jésuite. » Est-ce à la suite de cette révélation
que Saint-Simon devint un peu plus bienveillant pour
les jansénistes? Sa femme, qui penchait de ce côté,
dut l'y entraîner aussi. D'ailleurs les sévérités dont
on usait envers Port-Royal, l'expulsion des religieuses, la destruction du couvent, la violation des
sépultures le révoltèrent. Cependant, pour l'essentiel, il resta fidèle jusqu'à la fin aux enseignements de
Rancé, et quoiqu'il estimât beaucoup la science et la
vertu des solitaires et qu'il fût indigné des cruautés
de leurs persécuteurs, il a pu faire cette solennelle
profession de foi dans ses *Mémoires* : « Je tiens tout
parti détestable dans l'Église et dans l'État; il n'y a
de parti que celui de Jésus-Christ. Je ne suis pas
janséniste. »

Qu'était-il donc? un esprit très libre, fort hardi,
et qui même à propos des choses religieuses usait de
son indépendance ordinaire. Dans les matières de foi,
il ne contestait rien; mais pour le reste il voulait
penser et agir à sa volonté. C'était un gallican convaincu, passionné. Selon lui, les libertés de l'Église
gallicane, comme on les appelle, ne sont pas des pri-

vilèges ou des concessions, encore moins des usurpations, « mais la pratique constante de l'Église
universelle, que celle de France a jalousement conservée et défendue contre les entreprises et les
usurpations de la cour de Rome ». Quand il ose
dire toute sa pensée, il accuse les papes d'être des
ennemis de l'Église : ne sont-ils pas cause, avec leur
prétention à régenter les rois, que le tsar Pierre
ne s'est pas fait catholique, comme il en avait eu
un moment l'intention ? Il pense, comme Alberoni,
quoiqu'en général il ne l'aime guère, qu' « on ne
doit pas filer doux avec la cour de Rome, que tous
les remèdes mitoyens sont mauvais, et que pour la
réduire il faut parler ferme et menacer ».

Mais on ne peut lui tenir tête qu'à la condition
d'avoir un clergé énergique, des évêques qui aient
le sentiment de leur force, qui soient quelque chose
par eux-mêmes et ne tirent pas toute leur dignité
de leurs fonctions, c'est-à-dire des gens de grande
naissance et bien apparentés. — Remarquons que
par ce biais Saint-Simon rentre dans son système
ordinaire, qui est de réserver à la noblesse les plus
hautes charges de l'Église comme de l'État. Il est
vrai que les évêques grands seigneurs ont donné
souvent des exemples déplorables. Saint-Simon a
parlé lui-même sans ménagement de l'évêque de
Lodève, un Pontchartrain, qui entretenait publi-
quement des maîtresses et laissait entendre qu'il ne
croyait pas en Dieu, de M. de Harlay, le scandaleux
archevêque de Paris, et de ce Vatteville, qui, étant

chartreux, tua son prieur d'un coup de pistolet, se
fit Turc et devint pacha, puis obtint l'absolution du
pape, à condition de livrer aux Vénitiens les places
qu'il devait défendre, et fut nommé à l'archevêché de
Besançon. Saint-Simon est révolté de ces excès,
mais il n'en persiste pas moins à demander que les
hautes dignités ecclésiastiques ne soient données
qu'à de grands personnages, et non pas à ce qu'il
appelle des « ordures de séminaire ». C'est ce qui
le rend l'ennemi mortel de la congrégation de Saint-
Sulpice, qui forme des prêtres pieux et modestes,
qu'on a le mauvais goût de préférer, pour les sièges
épiscopaux, aux grands seigneurs qui se permettent
tout. « Ces barbes sales, ces va-nu-pieds, ces valets
à tout faire, gens sans naissance, sans science, sans
consistance, que les jésuites crosseront avec le pied,
quand ils le voudront », comment pourraient-ils
trouver la force de résister aux prétentions de la
cour romaine? Pour le même motif, il demande que
le Roi renonce à faire des cardinaux français; les
cardinaux étant toujours un peu les serviteurs du
pape, c'est un avantage pour un pays de n'en pas
avoir. — Ajoutons (car l'intérêt de son rang ne l'abandonne jamais) que l'avantage est double, et que du
même coup les ducs et pairs se débarrassent de
gens incommodes qui leur disputent la préséance.
— Il est aussi fort irrité contre l'Inquisition, une
des armes les plus puissantes dont la papauté se
sert pour établir son pouvoir. Elle lui paraît « abo-
minable devant Dieu et exécrable aux hommes ».

Dans les pays où elle domine, « la science est un
crime, l'ignorance et la stupidité la première vertu ».
Enfin il ose parler avec force contre les moines et
demander qu'on les réforme ou qu'on les supprime.
« Le nombre des religieux mendiants, dit-il, est
incroyable, et leur inutilité parfaite. Si on excepte
le secours de quelques capucins dans les incendies,
et en général de l'ordre de Saint-François pour
secourir les paroisses de campagne, l'État n'en tire
aucun service. Les religieuses ou communautés, qui
se forment tous les jours par le caprice ou la vanité
de quelques dévotes, et qui par manèges pieux se
maintiennent contre toutes les prohibitions des ordon-
nances, ne sont guère moins nombreuses que les
religieux. Ce célibat superflu et inutile, joint à celui
des prêtres, qui est indispensable, tarit le royaume.
On le voit par les milices et par le peu d'hommes qui
restent dans les campagnes, et même de jeunes gens
dans les petites villes, tandis que l'Allemagne et le
Nord fourmillent d'hommes, au point que nos ennemis
ne les comptent pour rien à la guerre. » Ne croirait-
on pas entendre un philosophe du xviii° siècle, et
n'est-il pas tout à fait surprenant que l'ouvrage dont
ces lignes sont tirées ait été écrit à Versailles en
1712, à quelques pas de Louis XIV? C'est que la
vieille France, sur ces matières délicates, était bien
plus hardie que nous ne le sommes. Les libres pen-
seurs étant alors moins audacieux, les croyants
étaient aussi moins timides. Ils ne s'effarouchaient
pas si vite et osaient parler. On fait tort au gallica-

nisme quand on ne le regarde que comme un système
de théologiens et de politiques uniquement occupés
à défendre l'indépendance de l'État contre les empié-
tements du pouvoir religieux; c'était un tour d'esprit qui s'étendait bien plus loin, une façon de
reprendre sur certains points son franc parler qu'on
abandonnait sur d'autres, une revanche de l'obéissance qu'exige le dogme par la liberté qu'on se
donne sur la discipline et la hiérarchie.

Saint-Simon, qui a usé de cette liberté plus que
tout autre, n'en était pas moins un chrétien très
convaincu, très sincère, très rigoureux pour lui-
même, qui accomplissait fort exactement tous ses
devoirs religieux. Il faisait plusieurs fois par an
des retraites austères à la Trappe, qui même en ce
temps de dévotion surprenaient un peu les gens du
monde. Il nous dit que le matin du jour où le lit
de justice fut résolu il alla entendre la messe aux
Jacobins : « Ce ne fut pas sans distraction; mais
Dieu me fit la grâce de l'y prier de bon cœur ». On
comprend que cette piété, qui n'était pas chez lui
une affaire d'habitude, mais un sentiment éclairé
et réfléchi, ait donné parfois un tour particulier à
ses *Mémoires*. C'est elle qui lui inspire, à propos
des grandes catastrophes qui défrayent sa curiosité,
des réflexions éloquentes sur le vide des espérances
et le néant des grandeurs. C'est elle surtout qui lui
apprend à lire, dans les événements auxquels il
assiste, l'intervention de la Providence. Il la voit
dans ce retour inespéré de fortune qui, après Ramil-

lies et Malplaquet, sauve la France près de périr :
« N'est-ce pas là un effet de cette main toute-puissante
à qui quelques grains de sable suffisent pour arrêter
les plus furieux orages de la mer? » Il la montre dans
le testament inattendu de Charles II qui appelle le
duc d'Anjou à lui succéder. « Laissons-les aller,
nous dit-il au moment où le jeune prince et ses
frères partent pour la frontière espagnole, et admi-
rons la Providence qui se joue des pensées des
hommes et dispose des États! » C'est enfin ce qui
lui donne une si haute idée de l'histoire et l'amène à
insister à tant de reprises et avec tant de grandeur,
sur les graves leçons qu'on peut en tirer. « A qui
considère les événements dans leur origine réelle
et première, dans leurs degrés, dans leurs progrès,
il n'y a peut-être aucun livre de piété, après les
divins, et après le grand livre toujours ouvert du
spectacle de la nature, qui élève tant à Dieu,
qui en nourrisse plus l'admiration continuelle, et
qui montre avec plus d'évidence notre néant et nos
ténèbres. » Et ailleurs : « Écrire l'histoire de son
pays et de son temps, c'est se montrer à soi-même,
pied à pied, le néant du monde, de ses craintes, de
ses désirs, de ses espérances, de ses disgrâces, de
ses fortunes, de ses travaux; c'est se convaincre
du rien de tout par la courte et rapide durée de
toutes ces choses et de la vie humaine; c'est se rappeler un vif souvenir que nul des heureux du monde
ne l'a été, et que la félicité, ni même la tranquillité,
ne peut se trouver ici-bas; c'est mettre en évidence

que s'il était possible que cette multitude de gens
de qui on fait une nécessaire mention avait pu lire
dans l'avenir le succès de leurs peines, de leurs
sueurs, de leurs soins, de leurs intrigues, tous, à
une douzaine près tout au plus, se seraient arrêtés
tout court dès l'entrée de leur vie, et auraient abandonné leurs vues et leurs plus chères prétentions;
et que cette douzaine encore, leur mort, qui termine le bonheur qu'ils s'étaient proposé, n'a fait
qu'augmenter leurs regrets par le redoublement
de leurs attaches. » Quand on lit cette belle page,
si grave, si large, si chrétienne, on voit bien que
ce contemporain de Voltaire est resté un disciple
de Bossuet.

CHAPITRE IV

LA LANGUE DE SAINT-SIMON

Saint-Simon, en terminant son ouvrage, manifeste quelques scrupules sur la manière dont il est écrit : « Dirai-je un mot du style, de sa négligence, de répétitions trop prochaines des mêmes mots, quelquefois de synonymes trop multipliés, surtout de l'obscurité qui naît souvent de la longueur des phrases, peut-être de quelques répétitions ? J'ai senti ces défauts ; je n'ai pu les éviter.... De rendre mon style plus correct et plus agréable en le corrigeant, ce serait refondre tout l'ouvrage, et ce travail passerait mes forces. Il courrait le risque d'être ingrat : pour bien corriger ce qu'on a écrit, il faut savoir bien écrire ; on verra aisément ici que je n'ai pas dû m'en piquer. Je n'ai songé qu'à l'exactitude et à la vérité. » Il se contente donc de réclamer pour son style « une bénigne indulgence », et se résigne à passer pour un méchant écrivain à condition qu'on le tiendra pour un historien très véridique. — C'est juste le contraire qui est arrivé : la postérité conteste souvent l'historien, tandis qu'elle accorde à l'écrivain une admiration presque sans réserve.

Et pourtant nous sommes bien forcés de reconnaître que les reproches qu'il s'adresse sont mérités. Il n'a pas tort, par exemple, de s'accuser de faire souvent des phrases trop longues. Ce défaut, qui est chez lui le plus sensible de tous, lui vient de diverses causes. La première, c'est qu'il retarde dans sa façon d'écrire comme dans sa manière de penser, et que son style a conservé les habitudes du siècle précédent qu'autour de lui on avait perdues. Les langues, comme on sait, ne se forment pas en quelques années; le français, ainsi que le latin, a mis plusieurs siècles avant d'arriver à l'état tout à fait littéraire et classique, et il a suivi à peu près les mêmes étapes que lui. Il y a des qualités qu'il a possédées presque dès le commencement, d'autres qui se sont fait longtemps attendre. Les premiers écrivains qu'il ait produits se distinguent par la vivacité des tours et la vérité des expressions. C'est qu'en effet pour rencontrer des tours piquants, des expressions originales, le génie seul est nécessaire, et il peut y avoir des écrivains de génie au début des littératures. Il semble même qu'alors étant moins gênés par les convenances et la délicatesse, plus libres d'oser, ils trouvent avec moins de peine ces termes expressifs et colorés, qui sont plus rares en d'autres époques où, le goût

étant plus scrupuleux, l'esprit est aussi plus timide.
Mais l'art d'agencer les phrases, de trouver les
proportions qui leur conviennent, ne s'acquiert pas
du premier coup. D'ordinaire les littératures qui
débutent ne le possèdent pas, et le français de
Rabelais et de Montaigne, si étincelant de mots
heureux et de termes trouvés, ne connaît pas encore
très bien la conduite régulière et la juste propor-
tion des phrases. Ce sont des qualités que le
xviie siècle a le premier découvertes et pratiquées.
Encore ne les retrouve-t-on alors que dans la langue
écrite et littéraire. Les écrivains de profession et
les gens qui se piquent de littérature cherchent à
construire des périodes plus simples et qui marchent d'un pas plus aisé; le reste garde les anciennes
habitudes. Les correspondances de cette époque,
même celles des femmes les plus spirituelles, quand
elles n'étaient pas aussi lettrées que Mme de Sévigné, sont pleines de ces phrases interminables, mal
coupées, où l'on s'égare comme dans un labyrinthe,
et qu'on aurait grand'peine à mener jusqu'au bout,
si la justesse et le bonheur des détails ne rache-
taient la lenteur et l'obscurité de l'ensemble. Il
fallut un siècle encore pour que la réforme fût complète. La littérature s'imposant de plus en plus à
la société et la pénétrant dans toutes ses couches
fit prévaloir partout les formes qu'elle avait préfé-
rées. A l'exception de quelques retardataires de
plus en plus rares, tout le monde accepte alors
cette façon d'écrire plus vive, plus courte, plus

incisive, et la période lente et diffuse de l'époque
précédente a pour jamais disparu. Saint-Simon est
l'un de ces retardataires, peut-être le plus obstiné
de tous. Il ne lui déplaisait pas que son style portât
l'empreinte d'une époque vers laquelle il se retour-
nait avec regret et dont il avait entendu, dans sa
jeunesse, les derniers représentants. Je m'imagine
que si on lui avait reproché de parler comme eux,
il aurait répondu, non sans quelque orgueil, comme
il fait dans une lettre à d'Argenson : « Je suis du
vieux temps, et non du nouveau ».

D'autres raisons expliquent encore l'ampleur de
ces périodes, où se noie quelquefois sa pensée.
C'est avant tout cette abondance d'idées, d'impressions, de sentiments, qui assiègent son esprit lorsqu'il est ému, qui s'y pressent à la fois et qu'il
voudrait tous exprimer. Il est amené quelque part
à nous dire que le Dauphin « avait pris confiance
en Mme de Saint-Simon par l'estime de sa vertu
et de sa conduite égale, et amitié par l'agrément
et la douceur, surtout la sûreté de sa société ».
Mais quand il s'agit de sa femme, ces quelques mots
ne lui suffisent pas ; son cœur est plein, il faut qu'il
s'épanche : et le voilà qui énumère l'un après l'autre
tous les motifs qu'avait eus le Dauphin de lui
accorder son estime. En attendant, les traits s'ac-
cumulent, la phrase se complique et s'allonge. Voilà
comment ses affections, dont il n'est pas toujours
le maître, le rendent interminable. Mais, comme
il a les haines encore plus exigeantes, on peut être

sûr qu'à propos des gens qu'il déteste, ou des
choses qui lui déplaisent, il sera beaucoup plus
long. Il fait, par exemple, cette réflexion que,
depuis Louis XIV, Paris est devenu le rendez-
vous des bâtards de tous les pays du monde. Aussitôt sa mémoire lui rappelle tous ceux qu'il y a
connus « et qui y ont fait de riches, de grandes
et de rapides fortunes »; bâtards de Charles IX,
de Henri IV, de Louis XIV, bâtards du duc d'Orléans et des princes de Condé, bâtards d'Angleterre,
de Savoie, de Bavière, de Danemark, de Saxe;
« écumes que la France seule s'est trouvée capable
de recevoir, et, entre toutes les nations de l'Europe, d'honorer et d'illustrer par-dessus sa première noblesse ». Comme il ne nous fait grâce
d'aucun, la liste est si longue que la phrase ne finit
plus et qu'on perd haleine en la lisant.

Il est impossible que d'abord on ne soit pas
impatienté de ces périodes immenses, où il entasse
tant de souvenirs et tant d'idées. Cependant on s'y
fait assez vite, et je ne serais pas surpris qu'à la
longue on n'y trouvât quelque agrément. Au premier moment elles nous choquent parce qu'elles
n'ont ni les proportions ni l'allure auxquelles nous
sommes accoutumés; mais ce défaut pourrait bien
un peu plus tard nous paraître une qualité. Une
fois la langue faite et formée, tout le monde est
forcé de la subir; on prend l'habitude de couper
les phrases de la même façon, on reproduit fidèlement les mêmes tours. Cette uniformité, à laquelle

il est difficile de se soustraire, aide les faibles, mais elle peut gêner les forts. S'il devient plus rare qu'on écrive très mal, chacun ayant sous les yeux une sorte de modèle sur lequel il peut se régler, il est plus rare aussi d'écrire très bien. Tous les écrivains s'habituent à jeter leur pensée dans un moule semblable. Dès qu'on prend la plume, l'esprit est obsédé d'expressions toutes faites dont on a grand'peine à se délivrer; à moins de faire un vigoureux effort, on en vient presque partout à exprimer comme tout le monde des sentiments qui nous sont propres, ce qui en éteint l'originalité. C'est donc l'accent personnel qui manque le plus aux écrivains des époques trop lettrées. Au contraire, il domine dans le style de Saint-Simon et en fait le charme principal. L'idée chez lui crée l'expression. Sa phrase n'est pas construite selon les règles ordinaires, mais c'est précisément parce qu'elle se moule sur sa pensée qui ne ressemble pas à la pensée des autres; elle en suit tous les détours, elle en fait ressortir toutes les saillies, elle la reproduit comme un vêtement bien fait, et par l'ampleur même de ses proportions, elle rend à merveille le souffle de cette âme puissante.

Dans tous les cas, si les périodes, prises dans leur ensemble, sont quelquefois traînantes, lourdes, encombrées, il n'y a rien de plus vif, de plus léger, de plus charmant que les petites phrases dont elles se composent, quand on les isole. C'est un véritable phénomène que Saint-Simon dans notre littérature;

aucun autre n'a su porter avec autant d'aisance le poids d'un aussi long ouvrage, y soutenir l'intérêt jusqu'à la fin, semer à pleine main et à chaque page les traits brillants, les tours heureux, les images hardies, les expressions colorées, dire les choses et peindre les gens « en deux coups de langue irréparables et ineffaçables ». Jamais on n'a eu plus d'esprit et de toute sorte d'esprit ; jamais on n'a su prendre si facilement tous les tons, et passer sans effort de la plaisanterie la plus légère à la plus grave éloquence. Il me serait très aisé d'en donner des preuves, et je n'aurais que l'embarras de choisir entre tant de richesses. Mais il me semble que je n'ai pas besoin d'ajouter d'autres citations à celles que j'ai eu l'occasion de faire. Je lui ai si souvent laissé la parole dans cette longue étude, que sa façon d'écrire doit être parfaitement connue.

Pour exprimer tout ce qu'il pense, pour peindre tout ce qu'il voit, les mots ne manquent jamais à Saint-Simon. Il possède même un vocabulaire si abondant, si varié, qu'on est d'abord tenté de croire qu'il a enrichi la langue d'une quantité de termes nouveaux ; mais on s'aperçoit, quand on regarde de plus près, que cette opinion n'est pas tout à fait juste. Il en a bien créé quelques-uns, qu'il tire ordinairement du latin. En ce temps, où l'on usait moins familièrement des langues modernes, le latin était la grande réserve où l'on allait se fournir des mots dont on éprouvait le besoin. Ils entraient sans violence, presque sans bruit, dans une langue plus qu'à

moitié latine, et y trouvaient des aînés, déjà établis
et acclimatés, qui leur faisaient un bon accueil. C'est
de là que viennent à Saint-Simon *débeller, obumbrer,
postposer*, la *cunctation* de M. de Chevreuse, etc. Il
lui arrive aussi quelquefois de tirer sans façon un
substantif d'un adjectif et d'un verbe, ou réciproquement de former un verbe avec un substantif,
comme on le fait à tout moment dans la conversation.
C'est ainsi qu'*enfermer* et *cacher* produisent chez lui
l'*enfermerie*, la *cacherie*; il dit la *roguerie* de M. de la
Rochefoucauld, *insolenter* quelqu'un, *se capricer*, etc.
Quelques-uns de ces mots sont si naturels, si
bien formés, qu'on est tout surpris de ne pas les
rencontrer ailleurs que chez lui. En parlant des
Mailly, gens très avisés, qui ne voulaient pas que
leur fortune s'amoindrît en se dispersant, il nous
dit qu'ils avaient *froqué* un fils et une fille; à la mort
du Régent, M. le Duc lui raconta qu'il avait été reçu
par le duc de Chartres « avec un air d'*éconduite* qui
lui avait fait prendre le parti de s'en aller ». *Éconduite* et *froquer* ne sont pas dans les dictionnaires
du temps; mais n'est-il pas vraisemblable qu'on s'en
servait dans le monde, et que Saint-Simon ne les a
employés que parce qu'il les avait entendus? Lorsqu'il dit : « Jamais on ne vit M. du Maine si *solaire*
et si *désinvolte* », nous savons que ces expressions,
auxquelles nous ne sommes plus accoutumés, étaient
alors d'un usage commun dans les conversations.
C'est là que Saint-Simon les a prises, ainsi que la
plupart de celles qu'il emploie, et dont on lui attribue

à tort la création. Ecrivain par hasard, et avec la prétention de ne pas l'être, il laisse courir sa plume, et se sert de la seule langue qu'il connaisse, celle des salons. C'est une langue hardie, qui se permet tout, et Saint-Simon la parle sans aucun scrupule. Il lui emprunte courageusement des termes très vulgaires, par exemple, *pouiller* quelqu'un, l'*emballer*, l'*écumer*, *fricasser* sa fortune, se *remplumer*, etc.; mais elle lui en fournit d'autres aussi, qui sont plus relevés et expriment la pensée avec une vérité et une force surprenantes. Dans ce siècle, où la vie mondaine avait tant d'importance, les conversations des gens d'esprit ont singulièrement enrichi le français. De là nous vient cette foule de locutions vives, piquantes, colorées, que les curieux sont si heureux de retrouver dans les premières éditions du dictionnaire de l'Académie. A chaque revision nouvelle, l'Académie est forcée d'en exclure un grand nombre, qui sont devenues trop inusitées pour y rester. Elle le fait avec un grand regret, car elle sent bien que c'est une perte qui n'est pas réparée. Les gens sur lesquels on se réglait autrefois pour établir le bon usage des mots et qui faisaient la langue n'étaient pas très nombreux. Quand Mme de Sévigné disait : « toute la France », elle voulait parler d'un millier de personnes; c'était un monde restreint et lettré, où l'on parlait bien, sans pruderie, mais sans bassesse; les mots et les tours qui naissaient là, dans l'ardeur des entretiens, passaient comme de plain-pied dans la langue écrite qu'ils renouvelaient sans

cesse, et, après un peu d'attente, pour les éprouver,
prenaient place dans le dictionnaire. Les choses
sont bien changées aujourd'hui. « Toute la France »
est devenue beaucoup plus vaste et surtout bien
plus mêlée. Les salons n'existent plus ou n'ont
aucune importance; l'autorité est passée à la foule;
c'est elle qui est en possession de créer les expressions nouvelles. Elle en fait tous les jours de fort
pittoresques, mais qui par malheur sont ordinairement très grossières. Il est difficile de les admettre
dans le dictionnaire des gens qui se respectent, et
l'on est obligé de faire pour elles des dictionnaires
spéciaux, où les curieux les vont chercher. Quand
l'édition de M. de Boislisle sera terminée, et que,
selon l'usage adopté pour les *Grands Écrivains de la
France*, on l'aura fait suivre d'un lexique de Saint-
Simon, on comprendra mieux le profit que trouvait
notre langue à se tenir toujours en contact avec un
monde distingué, et comment ces rapports assidus
ajoutaient à sa richesse sans en altérer l'esprit. Je
prévois le plaisir qu'éprouveront les lettrés, les con-
naisseurs, les amis du beau langage, à retrouver
là ces façons de parler si familières, quelquefois si
audacieuses, mais toujours si françaises, si vraies,
si vivantes, dont on se servait couramment dans le
monde, et qui peuvent nous donner une idée de la
conversation des gens d'esprit pendant le XVIIe siècle.

Ce siècle est assurément l'un des plus intéressants
de notre histoire. Il y a des gens qui trouvent qu'on
l'a trop vanté et qui lui en préfèrent d'autres, mais

personne ne nie qu'il ne mérite d'être connu à fond,
et qu'il en est peu dans l'intimité desquels il nous
importe plus de pénétrer. C'est ce qui n'est pas
aussi aisé que nous le voudrions : le XVIIe siècle est
déjà bien éloigné de nous ; en deux cents ans, les idées,
les habitudes, les croyances, la façon de penser et
de vivre, tout a changé. Les gens de cette époque,
si rapprochée et si lointaine, ont presque pour nous
un air d'antiquité. Heureusement il nous reste, pour
nous remettre en communication avec eux, non seulement les livres qu'ils ont écrits, mais les monuments
qu'ils ont élevés et où leur souvenir se conserve.
Si nous voulons bien comprendre Louis XIV et son
temps, allons visiter Versailles. Tout n'y est pas
intact sans doute : le parc a été plus d'une fois
dévasté, et le château lui-même n'a pas échappé aux
restaurations maladroites. On en a dénaturé les deux
ailes ; mais les appartements du Roi existent toujours, et quand on les revoit, étincelants de leurs
vieilles dorures, avec ce qui reste de leurs boiseries
sculptées, de leurs murs de marbre, de leurs pan-
neaux de glaces, il nous semble que tout ce passé se
réveille. Par malheur la maison est vide, les habitants
ont disparu ; et si les tableaux qu'on a pendus aux
murailles nous donnent tant bien que mal une reproduction de leurs traits et une copie de leurs costu-
mes, les hommes eux-mêmes n'y sont plus. C'est
Saint-Simon qui peut seul repeupler ce désert. Grâce
à lui, tous ces personnages en vastes perruques et
en habits brodés descendent de leurs cadres et se

remettent à se promener dans le château. Il les a
tous connus, et il s'offre à nous les présenter. J'avoue
qu'il ne nous les montre pas toujours comme nous
nous les figurions et comme ils auraient voulu paraître. Il a dit de son beau-frère Lauzun qu' « il avait
un fond de bassesse et un extérieur de dignité » ; ce
mot sanglant s'applique à beaucoup d'autres. Quand
nous les apercevons de loin, c'est l' « extérieur de
dignité » qui nous frappe ; Saint-Simon se plaît surtout à nous montrer le « fond de bassesse ». Il est trop
certain que beaucoup de ces graves personnages que
nous admirions de confiance, sur leur belle mine,
auront à souffrir de sa perspicacité cruelle. Est-ce
à dire que le siècle pris dans son ensemble y perdra?
Je ne le crois pas; s'il ne nous semble plus aussi
parfait que nous nous l'étions imaginé, il devien-
dra plus vivant, ce qui est le premier de tous les
mérites. Nous l'admirerons peut-être un peu moins
de cette admiration béate, qui se transmet par tra-
dition, mais nous lui serons plus attachés et nous
trouverons à l'étudier l'intérêt qu'on prend aux choses
qui respirent. En présence de ces portraits qui ont
encore un si grand air, malgré quelques faiblesses,
et où les ombres ajoutent au relief, nous ne songerons
pas à regretter ces raides et froides figures qu'on
n'apercevait qu'embaumées, pour ainsi dire, dans
les éloges officiels et à travers l'encens banal des
oraisons funèbres. Sans compter que Saint-Simon,
comme nous venons de le voir, parle la langue dont
ils se servaient eux-mêmes dans leurs conversations,

et que non content de leur donner la vie, il semble aussi leur rendre la parole. L'illusion est donc complète, et avec lui l'époque entière renaît devant nous. — Que n'avons-nous des écrivains qui nous rendent le même service pour tous les siècles de notre histoire!

FIN

TABLE DES MATIÈRES

TROISIÈME PARTIE

SAINT-SIMON ÉCRIVAIN

Coulommiers. — Imp. PAUL BRODARD.

LES
GRANDS ÉCRIVAINS FRANÇAIS

ÉTUDES SUR LA VIE, LES ŒUVRES ET L'INFLUENCE
DES PRINCIPAUX AUTEURS DE NOTRE LITTÉRATURE

Chaque volume est consacré à un écrivain différent
et se vend séparément.

Prix du volume, avec un portrait en photogravure. **2 fr.**

En vente :

VICTOR COUSIN
par M. Jules SIMON
de l'Académie française.

MADAME DE SÉVIGNÉ
par M. Gaston BOISSIER
de l'Académie française.

MONTESQUIEU
par M. Albert SOREL
de l'Institut.

GEORGE SAND
par M. E. Caro
de l'Académie française.

TURGOT
par M. Léon SAY
Député,
de l'Académie française.

A. THIERS
par M. P. DE RÉMUSAT
Sénateur,
Membre de l'Institut.

D'ALEMBERT
par M. Joseph BERTRAND
de l'Académie française,
Secrétaire perpétuel de l'Académie
des sciences.

VAUVENARGUES
par M. Maurice PALÉOLOGUE.

MADAME DE STAËL
par M. ALBERT SOREL
de l'Institut.

THÉOPHILE GAUTIER
par M. MAXIME DU CAMP
de l'Académie française.

BERNARDIN DE St-PIERRE
par M. ARVÈDE BARINE.

MAD. DE LA FAYETTE
par le Cte D'HAUSSONVILLE
de l'Académie française.

MIRABEAU
par M. ROUSSE
de l'Académie française.

RUTEBEUF
par M. CLÉDAT
professeur de Faculté.

STENDHAL
par M. Édouard ROD.

ALFRED DE VIGNY
par M. Maurice PALÉOLOGUE.

BOILEAU
par M. G. LANSON.

CHATEAUBRIAND
par M. DE LESCURE.

FÉNELON
par M. PAUL JANET
de l'Institut.

SAINT-SIMON
par M. GASTON BOISSIER
de l'Académie française.

Pour paraître prochainement :

VICTOR HUGO
par M. LÉOPOLD MABILLEAU.

RABELAIS
par M. RENÉ MILLET.

Etc., etc., etc.

Coulommiers. — Imp. PAUL BRODARD.

www.ingramcontent.com/pod-product-compliance
Lightning Source LLC
Chambersburg PA
CBHW070633100426
42744CB00006B/667